AUF DER SUCHE NACH DER EWIGKEIT

REALITÄTEN

Ein Buch
von
Martin Heyden

Mit Kurzgeschichten von Biggi Weber

Copyright © 2014 – 2018 by Martin Heyden, Stolberg (Rhld.) Germany

Alle Rechte vorbehalten

Kurzgeschichten von Co-Autorin Biggi Weber:
1. Elias
2. Achtsamkeit
3. Leben im Paradies
4. Eichhörnchen und Eule
5. Die kleine Seele

Druck, Bindung und Vertrieb über
BoD

Auflage Version: 14. März 2015

Irene Heyden Verlag
P.O. Box 11 30
GE-52477 Alsdorf

ISBN 9783981691856

Lektorat: Eva Fritsch
Korrektorat: Marion Becker

Umschlaggestaltung und Motiv: Martin Heyden
Illustration, Layout und Design: Martin Heyden
Bilder Umschlag (Earth) – Quelle: NASA/JPL

1. Das Leben ist gut, falls nicht, ändere es.

2. Verschwende keine Lebenszeit! Gestalte, sei kreativ und erschaffe Neues.

3. Mache stets neue Erfahrungen.

Und bei allem, was du tust:

Liebe Gott über alles und deinen Nächsten wie dich selbst.

Inhalt

WAS SIE WISSEN MÜSSEN 7

KEINE LEKTÜRE FÜR EINE NACHT 11

AUFTAKT 13

    DIE EINE WAHRHEIT 14

        Die Suche 18

    ERKENNTNISSE UND EINSICHTEN 23

    ERFAHRUNGEN 27

ERLEUCHTUNG 31

    VERSTEHEN 32

    VOM LOSLASSEN UND DEM FREIEN WILLEN 36

    ZERSTÖRUNG 47

    ERWACHT? 51

    ELIAS 56

    ACHTSAMKEIT 59

GEOMETRIE 64

    ZEITREISEN 65

    VON DEN GÖTTERN, DIE VON DEN STERNEN KAMEN 68

        Jesus 73

    FELDER 75

        Mouches Volantes 75

        Astralkörper 78

        Grenzen 79

        Karlsruhe 81

        Wünschelruten 84

        Was folgt daraus 88

    WAHRNEHMUNGEN 89

VERÄNDERUNGEN 96

DER MENSCH 97

Kausalität: Jede Wirkung hat eine Ursache … 97

Gesetzmäßigkeiten 99

Freiheit 102

AUSSICHTEN 105

DIE DREITÄGIGE FINSTERNIS 108

Aufhebung der Grenzen 110

Die Sonne geht im Westen auf 111

Das Auftauchen eines neuen Objektes am Himmel 114

Wo kommen Kometen, Asteroiden und Meteore her? 119

Exkurs Objekte 121

Die dreitägige Finsternis findet statt, während ein großer Krieg auf dem Niveau eines Weltkrieges stattfindet 125

Fazit 125

LEBEN IM PARADIES 127

REALITÄTEN 136

TRÄUME UND ANDERE REALITÄTEN 137

WIEVIELE BIN ICH? 142

REALITÄTEN 144

Der Abgeordnete 145

Überlegungen eines Programmierers 152

VON DER MATERIE 154

VON DEM BEWUSSTSEIN 159

Eine Seele entwickelt sich 161

DIE KLEINE SEELE 164

EICHHÖRNCHEN UND SEELE 167

DER TOD DES KARL	171
VORHANG	**177**
WEM GEHÖRT WISSEN?	178
DAS ENDE ALLER TAGE	183
DANKE	192
GENESIS	194
ANLAGEN	**196**
STEREOTYPEN	200
Der Kreuzritter	200
Der Gralssucher	200
Der Materialist	200
Der Dualist	201
Stereotypen	201
QUELLEN UND EMPFEHLUNGEN	202
FILME UND DOKUMENTATIONEN	206
DER AUTOR	207
DIE AUTORIN	208

WAS SIE WISSEN MÜSSEN

(Bevor Sie dieses Buch kaufen)

„Was war das für ein bemerkenswerter Tag, an dem ich feststellen durfte, dass andere Menschen nicht so denken wie ich es tue (...)"

Suchender, sei willkommen!

„Realitäten" ist die Fortsetzung meines ersten Buches „Auf der Suche nach der Ewigkeit: Die Entdeckung der jenseitigen Welten" (In diesem Buch DEdjW genannt).

Es soll keine Wiederholung von Themen des ersten Buches sein und setzt daher an vielen Stellen voraus, dass Sie mit den grundlegenden Themengebieten von DEdjW vertraut sind.

„Realitäten" und „Die Entdeckung der jenseitigen Welten" verstehen sich als ein Gesamtwerk.

Natürlich lässt es sich nicht gänzlich vermeiden, dass das eine oder andere bereits dargelegte wiederholt werden muss, um notwendige Zusammenhänge herzustellen bzw. aufzuzeigen. An vielen Stellen finden Sie zudem Fußnoten, die auf die entsprechenden Kapitel meines Buches DEdjW verweisen. Das soll Ihnen helfen, sich noch einmal mit dem entsprechenden Themengebiet vertraut zu machen.

*

Ich habe meinen Stil beibehalten, habe aber Kurzgeschichten als ein Instrument, um anspruchsvolle Themen zu vermitteln, hinzugefügt. Auch konnte ich Biggi Weber gewinnen, das sachlich Erklärte mit farbigen und lebhaften Bildern im Rahmen von erklärenden „Erzählungen" zu untermalen.

Sind Sie bereits auf dem Weg zu Ihrer „eigenen Wahrheit" vorangekommen?

Dann ist das Studium meines vorangegangenen Buches nicht zwingend notwendig. Empfehlen möchte ich es Ihnen trotzdem, da es alles enthält, was Sie über die Struktur unseres Universums, der Realitäten sowie der energetischen Welten wissen müssen - naturwissenschaftlich und metaphysisch.

Ich habe hier die Themenbereiche meines ersten Buches zusammengefasst und als Frage ausformuliert. Mit diesen Themen sollten Sie vertraut sein oder zumindest von Ihnen gehört haben (ein Hochschulstudium ist nicht notwendig):

- Sie wissen um die Dualität (auch Polarität genannt) unserer Realität? Gut und Böse, hell und dunkel, rechts und links, Mann und Frau, schön und hässlich usw.

- Sie kennen den Illusionscharakter unserer Realität und das Konzept der energetischen Welten ist Ihnen vertraut? Andere Konzepte in diesem Zusammenhang sind: Himmel und Hölle, Gaija, Astralwelt, Anderswelt, Samsara, Nirwana, die sieben Himmel, formgebendes Feld (etc.).

- Verstehen Sie das Konzept, welches ich Gott nenne, als das eine, alles umfassende und alles beinhaltende Wesen, von dem Sie ein Fraktal sind und Sie wissen um die unendliche spiralförmige Entfaltung und Ausdehnung unserer „Welt"?

- Sie haben sich mit den Begrifflichkeiten Unendlichkeit und Ewigkeit auseinandergesetzt?

- Der Begriff des 'Ursprungs' ist Ihnen genauso vertraut wie die Idee der Ausdehnung und Schöpfung von bewusstem Leben im Universum?

- Reinkarnation und Karma sind Ihnen ein Begriff?

- Sie kennen die grundlegenden Unterschiede und die gemeinsamen Wahrheiten unserer Religionen und der Schamanismus ist Ihnen nicht fremd?

- Sie haben sich bereits mit den Naturwissenschaften in Bezug auf die Entstehung unseres Universums, dem, was wir Realität nennen und über unsere Existenz und Entwicklung, suchend und philosophisch auseinandergesetzt?

- Das Konzept eines gemeinsamen Unterbewusstseins ist Ihnen bekannt. Sie wissen, dass es so etwas wie getrennt sein nicht wirklich gibt?

Sie sind damit vertraut? Sehr schön, dann werden Sie keinerlei Probleme haben, diesem Buch zu folgen.

In jedem anderen Fall empfehle ich Ihnen, sich zunächst mit den obigen Themen auseinanderzusetzen.

Auf unserem Weg müssen wir einen Schritt nach dem anderen machen. Nichts kann erzwungen werden. Erst wenn ein Schritt gemeistert ist, kann der nächste angegangen werden. Seien Sie geduldig und nachsichtig mit sich.

Unsicher? Auf der Seite www.facebook.de/das.buch.zur.ewigkeit finden Sie Themenbeiträge zu dieser Philosophie, sowie viele Diskussionen, Leserbeiträge, Bilder und Videos. Schauen Sie sich die Kommentare und Meinungen anderer an. Einige tausend Menschen beteiligen sich bereits und es werden täglich mehr.

*

Informieren Sie sich, bevor Sie das Buch kaufen. Ein kleines Beispiel, wie ich das meine:

Ich besitze den Sohar, das wichtigste Schriftwerk der jüdischen Kabbala. Dieses Buch hat seit Jahrhunderten alle Mystiker jedweder Religion/Gemeinschaft/Geheimgesellschaft/Offenbarern direkt oder indirekt inspiriert und diente ihnen als Quelle des Wissens. Sie enthält universale Wahrheiten, die sich dem offenbaren, der eine gewisse spirituelle Wahrnehmung (eine Art Reifegrad) entwickelt hat.

Und so sollten Sie den Sohar erst dann beginnen zu lesen, wenn Sie auch bereit dafür sind.

Ich habe das Studium des Sohar erst vor kurzem begonnen, er stand ausgepackt, aber noch ungeöffnet, eine ganze Zeit lang in meinem Bücherregal und wartete dort auf mich.

Ich sage nicht, dass der Inhalt meiner Bücher es mit dem Sohar aufnehmen kann. Ganz bestimmt nicht. Aber diese enthalten, genau wie der Sohar, universal gültige Ansichten. Ansichten, wenn diese erkannt werden und der Studierende einsichtig ist, diesen weiterbringen werden.

Wenn ein Mensch diese „Wahrheiten" allerdings innerlich ablehnt, weil er verschlossen ist oder einfach spirituell nur noch nicht soweit ist, dann werden sich ihm die erwünschten Einsichten nicht offenbaren und das Studium den Betrachter schlimmstenfalls zurückwerfen. Bestenfalls sieht er eine (ihm) sinnlose Aneinanderreihung von Legenden, Geschichten und Sachverhalten.

*

Entnommen von der Webseite www.kabbalah.info (25.06.14):

„Der Sohar ist eine Sammlung von Kommentaren zur Tora und als Führer für diejenigen Menschen gedacht, die bereits einen hohen spirituellen Grad bis zur Wurzel (Ursprung) ihrer Seelen erlangt haben.

Der Sohar beinhaltet alle spirituellen Zustände, die der Mensch während der Entwicklung seiner Seele erfährt. Am Ende dieses Vorganges erreicht die Seele etwas, das die Kabbalisten „das Ende der Korrektur" nennen, den höchsten Grad an spiritueller Ganzheit.

Diejenigen, die die Spiritualität noch nicht erreicht haben, lesen den Sohar wie eine Ansammlung von Gleichnissen und Legenden, die von jedem Einzelnen unterschiedlich interpretiert und wahrgenommen werden können. Doch für solche, die Spiritualität erreicht haben, d.h. die Kabbalisten, ist der Sohar ein praktischer Leitfaden für die im Inneren ausgeführten Aktionen, die zu einem tieferen, höheren Zustand an Wahrnehmung und Gefühlen führen."

*

Inwiefern Einsichten uns öffnen, beschreibe ich in einem der Kapitel dieses Buches. Soviel vorab: Öffnen kann sich nur ein jeder selber - von innen heraus. Diese Arbeit kann Ihnen nicht abgenommen werden. Einsicht um Einsicht muss erarbeitet werden und kommt aus und von Ihrem inneren „Selbst".

KEINE LEKTÜRE FÜR EINE NACHT

Beim Schreiben stelle ich mir immer dieselbe Frage:

Wie kann ich diese anspruchsvollen Themen so vermitteln, dass möglichst viele Leser sich angesprochen fühlen und das (insbesondere der „wissenschaftliche" und philosophische Anteil) in einer „Sprache", die von einer breiten Masse verstanden wird und Lust macht auf mehr, ohne dabei die Intelligenz des Lesers zu „beleidigen"?

*

Ob es mir gelungen ist? Ich denke ja. Aber auch hier, wie bei allem im Leben, gibt es immer (mindestens) zwei Meinungen. Jemand befindet sich exakt auf dem Niveau und fühlt sich wohl beim Lesen. Ein anderer darüber, er ist unterfordert, während vielleicht eine dritte Person darunter liegt und es langsamer angehen lassen muss. Es ist gut möglich, dass, je nach Themengebiet, alle drei Varianten für einen Leser zum Tragen kommen.

Eines aber steht fest.

Meine Bücher sind keine Lektüre für eine Nacht. Viele meiner Leser lesen sich, nach und nach, durch die verschiedenen Themen und nehmen die Informationen so auf, wie es intuitiv von mir angedacht war und ist. Auch ist es durchaus gewollt, das Buch mehrfach zu lesen, um sich so bestimmte Themen noch einmal zu vergegenwärtigen.

Sie werden auch beim dritten Mal neue Zusammenhänge entdecken.

Auch das ist so gewollt.

Die einzelnen Kapitel sind so geschrieben, dass sie zum Nachdenken anregen. So kommen die zunächst verborgenen Antworten, nach und nach, aus dem „Inneren" an die Oberfläche und werden so integraler Bestandteil Ihrer eigenen Wahrheit. Diese „Antworten" sind durch nichts zu überbieten und sind Bestandteil eines Prozesses, der Sie zurück zum Ursprung und somit zu Ihrem Wesenskern führen wird. Und das immer mit einer Geschwindigkeit, die Ihrer spirituellen Entwicklung angepasst ist.

Hier noch einmal mein gut gemeinter Rat: Nehmen Sie sich Zeit und lassen Sie es geschehen.

Wenn Sie Fragen zu meinen Büchern haben, egal welche, schreiben Sie mich auf der Facebook-Seite meiner Bücher an. Ich werde mir Zeit nehmen, Ihre Frage, so gut ich es denn kann, zu beantworten.

www.facebook.de/das.buch.zur.ewigleit/

Ich wünsche Ihnen viele spannende Momente und Einsichten.

AUFTAKT

„Siehe das Schöne und Gute in Dir selbst. Siehe das Schöne und Gute in Deinem schlimmsten Feind. Denn erst wenn du beginnst, Dich selbst so zu sehen, wie andere Dich sehen, hast Du begonnen Dich in Liebe, Nächstenliebe und Tugend zu üben"

Edgar Cayce

DIE EINE WAHRHEIT

„Wer den Weg der Wahrheit geht, stolpert nicht."

- Ghandi -

Eines Morgens bat mich meine Frau, einige Bilder, darunter ein Jesusbild, abzuhängen. Dieses für mich sehr spezielle und besondere Porträt hängt im Treppenaufgang genau so, dass ich auf meinem Weg 'in den Tag hinein' (vom Schlafzimmer und Bad im 1. Obergeschoß nach unten in den eigentlichen Wohnbereich), die Treppe herunter, genau auf dieses Bild zugehe. Wir schauen uns jeden Morgen kurz an und manchmal, so einmal am Tag, halten wir auch eine Art Zwiesprache. Sie würden das wohl Gebet nennen.

Ich schaute meine Frau kurz etwas verwundert an und sie sagte daraufhin, dass sie den Blick des gemalten Jesus als durchdringend und störend empfindet.

Ich reagierte erstaunt und versprach, jenes Bild und noch einige weitere im Laufe des Tages abzunehmen.

Am gleichen Tag, am Abend, meine Frau kam gerade von der Arbeit und machte es sich auf der Couch neben mir gemütlich.

„Hast Du das Jesusbild schon abgehangen?"

„Ja, es steht hier vorne."

„Hänge es wieder auf!"

„Wieso?" fragte ich überrascht.

„Als ich von der Arbeit kommend, in der Tiefgarage des Kaufhauses in mein Auto stieg, schaute ich direkt auf die Rückseite eines Flyers, der unter meine Windschutzscheibe geklemmt wurde. Dort stand:

'Und besonders Du brauchst Jesus!',,

Gesagt habe ich nichts mehr - war auch nicht nötig.

Tage später zeigte sie mir den Flyer: Er war nicht plakativ und nicht größer als der Text eines Buches, unauffällig am unteren Rand.

*

„Hilfe, ich leide! Wo ist der oder die, welche daran schuld sind? Was ist die Lösung meines Problems? Sag es mir!"

Oft hören wir diese Frage oder wir sprechen Sie selbst aus. Sie ist berechtigt, nachvollziehbar und immer (ausnahmslos) Teil der gesuchten Lösung.

Nur werden wir eine Antwort auf diese Frage nie im Äußeren finden. Den oder die Schuldigen vielleicht. Vielleicht auch eine „befriedigende" Antwort oder eine Antwort, „die wir hören wollen". Nicht aber das, was wir wirklich suchen und für unsere Entwicklung tatsächlich benötigen: „Erkenntnisse und die daraus resultierende Einsichten."

Wir sind weder unser Verstand oder unser Gehirn, noch sind wir unser Besitz (Auto, Haus, Kleidung, Status quo). Wir sind auch nicht unser Körper und ebenfalls nicht nur die Summe all unserer Erfahrungen während dieser einen, noch andauernden Inkarnation.

Wir sind mehr. Aber das wissen Sie ja bereits.

Die Antwort auf unsere Frage sowie die tatsächliche kausale Ursache unseres, wie auch immer gelagerten, Problems ist bereits da. Zusammen mit unserer Frage kam sie in die Welt und bildet mit ihr zusammen eine Einheit.

Sie ist nicht im Äußeren sondern in uns drin, in unserem „Inneren". Wir müssen nur in uns hineinhorchen um Sie zu erkennen.

Wir schwimmen, zusammen mit Myriaden anderer sich selbst bewusster Seelen, in Konzepten, Ideen, Fragen und Antworten in einem alles umfassenden Feld. Jeder Gedanke, jedwede Idee aus diesem und aus allen Universen und Realitäten befindet sich dort.

Wie Sie bereits im Buch „DEdjW" lesen konnten, verhält es sich so, dass, kommen wir in diese Welt, wir nicht die geringste Ahnung davon haben, wer wir sind, worin wir uns bewegen und wovon wir ein Teil, wovon wir ein Fraktal sind. Das „Feld" ist vor uns verborgen, offenbart sich aber dem Suchenden.

Fragt ein Fisch im Meer einen anderen: „Das Meer. All das Wasser. Ist all das nicht wunderbar?" Antwortet der andere: „Meer? Welches Wasser? Wovon redest du?".

Fragt ein Mensch einen anderen: „Das Feld. All das Wissen. Ist all das nicht wunderbar?" Antwortet der andere: „Feld? Welches Wissen? Wovon redest du?"

Dieses Feld (Fußnote) offenbart sich uns nicht spontan, so als würde man ins Wohnzimmer gehen und das Licht einschalten: „Voilà! Unsterbliche Seele, hier bin ich, das Feld! Bediene Dich, alles, was Du schon immer haben und wissen wolltest, ist genau hier. Denke und Du wirst sein, denke und du bekommst!"

Fußnote:- Bezug: DEdjW: Kapitel: „Das Feld" Auszug:

Das Feld ordnet Systeme auf allen Ebenen und unabhängig von ihrer Komplexität. Atome, Moleküle, Kristalle, Zellen, Gewebe, Organe, Organismen, soziale Gemeinschaften, Ökosysteme, Planetensysteme, Sonnensysteme und Galaxien bekommen so ihre Ordnung, ihre Form.

Darüber bietet es für jede Gattung ein „Artengedächtnis", eine Art Netzwerk, das alle Mitglieder einer Art miteinander verbindet und ihnen eine geistige Heimat (Die energetischen Welten) zur Verfügung stellt. Dieses Feld beinhaltet nicht nur alle in der Natur vorkommenden „Pläne", „Gesetze" und „Regeln", es ist auch ein unbegrenzter Speicherort von Informationen jedweder Art.

Das wäre nicht zielführend und somit nicht wünschenswert. Denn würde uns alles einfach so zufallen und wüssten wir um unser wahres „Selbst", wäre unsere wahrgenommene und gelebte Realität ad absurdum geführt und hätte ihren Sinn verloren: „Das Sammeln von Erfahrungen, um durch Erkenntnisse zu reifen und zu wachsen, zum Wohle jeder Seele und zum Wohle aller und allem, was ist, war und immer sein wird."

Unsere erlebte Realität wäre, in so einem Fall, ohne jedwede Herausforderung. Durch Müßiggang würde es zu einer Stagnation in der Entwicklung kommen. Diese wäre gleichbedeutend mit Rückschritt und Degeneration. Das kennen wir aus dem, was wir Betriebswirtschaft nennen, aber insbesondere von uns selbst.

Nichtstun und geistige Inaktivität führt zwar nicht zwangsläufig zu einer Demenz, macht Sie aber auch nicht schlauer oder geistig reger. Im Gegenteil, Sie werden geistig degenerieren und an Leistungsfähigkeit zunehmend verlieren, insbesondere im Alter. Alles in unserer Realität hat eine Entsprechung in den energetischen Welten. So wie es sich bei uns verhält, so ist es auch drüben und daher führt Stillstand, Müßiggang und Inaktivität auch im Jenseits zu Degeneration bis hin zur Auslöschung und verhindert somit Wachstum und Ausdehnung.

Sehen wir den obigen „Lichtschalter im Wohnzimmer" allerdings als ein Synonym für unseren letzten Herzschlag hier auf Erden, dann wird es sich in der Tat genauso verhalten wie oben beschrieben. Von jetzt auf gleich werden wir wieder wissen, wer wir sind, was wir sind und so etwas wie offene Fragen oder schuldige Antworten gibt es dann nicht mehr. Wie viel Einsicht und Weisheit Ihnen allerdings zuteil wird, hängt sehr von Ihrer persönlichen Entwicklung ab, was uns wieder zurück in unsere harte, duale, oftmals unangenehme und leidvoll empfundene Wirklichkeit unserer erlebten Realität zurückbringt.

Effiziente Entwicklung gibt es also nur im Diesseits, in unserer Realität. Hier müssen wir täglich Entscheidungen treffen, hervorgerufen durch biochemische Prozesse – den Gefühlen -, die wiederum zu Erfahrungen und Erkenntnissen führen. Diese Erfahrungen müssen erlebt werden, denn in den energetischen Welten erfüllt und gestaltet sich alles so, wie wir es wünschen. Die Inkarnation ist die effizienteste Methode der Entwicklung einer Seele zum Altruismus (dem Gegenteil von Egoismus-Fußnote).

Fußnote – Bezug: DEdjW Kapitel: „Altruismus"

*

Das Netzwerk Gottes oder einfach, das Feld, hat viele Namen. Wir nennen es „den Heiligen Geist" (Christentum), formgebendes Feld (Rupert Sheldrake, Biologe), 5. und 6. Dimension nach Burkhard Heim (Physiker), das Mind-Field (Robert Monroe - Fußnote). Es gibt noch eine Vielzahl weiterer Bezeichnungen, die wir in den verschiedenen Religionen, Völkern und Epochen, aber auch in naturwissenschaftlichen Theorien (Stringtheorie) finden können. Unterschiedliche Namen für ein und dasselbe Phänomen. Ein Phänomen, welches gefunden und entdeckt werden will.

Fußnote: Robert Allen Monroe, manchmal auch Bob Monroe genannt (* 30. Oktober 1915; † 17. März 1995), war ein US-amerikanischer Geschäftsmann, Autor und Programmdirektor beim Rundfunk und der Gründer des parapsychologischen Monroe-Instituts.

Robert Monroe ist der Pionier der Neuzeit in Bezug auf die Erforschung von außerkörperlichen Erfahrungen. Im Laufe von Jahrzehnten sammelte und verarbeitete er diese in insgesamt drei Büchern. Sie sind allein deshalb schon bemerkenswert, weil seine Berichte nicht von religiösen Überzeugungen, von Glaubensmustern oder finanziellen Interessen eingefärbt waren. Er war der Erste, der das Phänomen der außerkörperlichen Erfahrung mit wissenschaftlichen Methoden untersuchte. Monroe ist der Gründer des „Monroes Institute TMI". Eine Non-Profit-Organisation, die nicht auf Gewinn ausgelegt ist.

Die Suche

Einige von uns sind bereits auf der Suche, die einst mit der einen individuellen Frage begann. „Wer bin ich und wo gehe ich hin, wenn ich sterbe?" - War meine Frage.

Ob Sie erst mit dieser Inkarnation Ihre Suche begonnen haben oder bereits während einer vorangegangenen, ist unwichtig. Relevant ist, **dass** Sie suchen.

Die Suche ist gleichzeitig Ihr Weg zurück zum Ursprung (ein Konzept mit vielen unterschiedlichen Interpretationen). Sie werden zu dem „Ort" (oder Zustand) zurückkehren, von dem Sie vor Äonen aufgebrochen sind. Einen Ort, den Sie vergessen haben, der Sie aber nie „losgelassen" hat, nicht loslassen kann, da Sie auf ewig ein Teil von „ihm" sind und der Sie bedingungslos „liebt", eben weil Sie ein Teil des Ganzen und somit ein Teil von diesem hohen Wesen sind.

Hieraus wird auch ersichtlich, warum es so immens wichtig ist, sich selbst anzunehmen und zu akzeptieren, ganz gleich, über welche Unzulänglichkeiten Sie auch immer verfügen sollten. Sie können in diesem Zusammenhang auch sagen, dass Sie sich selbst lieben müssen, da Sie ansonsten nicht in der Lage sind, andere zu lieben. Stoßen Sie sich nicht an dem Begriff „Ort", er ist genauso wie die Zeit eine Eigenschaft unserer materiellen Realität. Das Feld expandiert zwar mit dem Universum und ist somit allumfassend, es unterliegt aber nicht den

Zwängen der Materie und so geschieht aus Sicht der energetischen Welten alles in einem Moment.

Das einzig Relevante ist also nicht das Erreichen eines bestimmten Ortes, sondern die Veränderung des eigenen Zustandes, hin zu einer höheren Schwingung. So definiert sich dann auch der Weg zurück zum Ursprung.

Der Himmel ist also nicht oben und die Hölle nicht unten, sondern alles existiert (aus unserer Sicht) im selben Raum, alles existiert „in" uns. Das werde ich Ihnen im Verlauf dieses Buches noch genauer erläutern.

*

Es gibt nichts in unseren Sprachen, das „Alles, was war, ist und immer sein wird" beschreiben kann. „Gott", „Ursprung" oder „Vater" sind menschliche Konstrukte und somit unvollkommen, dienen mir aber als Hilfsbezeichnungen, um zumindest im Ansatz beschreiben zu können, worum es geht.

Um uns diesem Phänomen zuzuwenden und unsere Suche zu beginnen, bedarf es also nur einer einzigen Frage, die Sie sich selbst stellen. Die Antwort darauf wird die nächste Frage gleich mit sich bringen.

Der Prozess, der so beginnt, ist Ihr ganz persönlicher Weg zurück zum Ursprung und das Gesuchte kann dabei ganz banal sein:

- „Warum weiß ich, dass es meiner Mutter nicht gut geht, obwohl wir uns seit Monaten nicht mehr gesehen haben?"
- „Wo bin ich, wenn ich schlafe?"
- „Was lässt mich denken?"
- „Warum ist die Schöpfung so perfekt und harmonisch?"
- „Was ist es, dass die Welt durch meine Sinne beobachtet?"
- „Gibt es ein Danach oder ein Davor?"
- „Was gibt allem seine Form?"

Das Gesuchte entblättert sich, nach und nach, immer angepasst an Ihre individuelle Aufnahmefähigkeit und Ihren persönlichen Antrieb. Jede Antwort gibt einen Teil eines unendlich großen Bildes wieder, das so für Sie zunehmend klarer und deutlicher wird, einem Puzzle ähnlich. Haben Sie ein Puzzleteil gefunden und eingefügt, suchen Sie schon das nächste.

Die Antworten kommen weder zu schnell noch zu langsam. Genauso schnell, dass wir „es" begreifen, es aufnehmen, dann erkennen und schließlich zu einer unserer Überzeugungen machen können. „Es" ist das Gesuchte und steht stellvertretend für unsere Suche nach:

- dem Ursprung
- Gott
- sich selbst
- der eigenen Wahrheit
- <-- hier steht Ihr Konzept

Dies mag sich alles kompliziert anhören, ist es aber nicht. Egal was Sie suchen, Sie werden, nachdem Sie sich Ihrem Selbst (und damit dem Ursprung) zugewandt haben, immer dieselben Antworten finden. Dies geschieht völlig unabhängig von dem Ort, an dem Sie sich aufhalten und auch unabhängig von der Zeit, in der Sie Ihre Suche beginnen (und damit ist jedwedes bewusstes Leben in allen Universen oder Realitäten gemeint).

Sicher, jemand, der am anderen Ende des Universums lebt und zu suchen beginnt, hat andere Konzepte und Interpretationen als Sie. Er wird aber dennoch all das finden, was er (sie, es) benötigt, um zum Ursprung zurückzukehren. Das trifft natürlich auch auf „Stämme" auf der Erde zu, die noch nicht von uns „entdeckt" wurden.

*

Es gibt, gab und wird nur eine einzige Wahrheit geben - egal „wo" und „wann" Sie sind, ob hier oder am anderen Ende dieses oder eines anderen Universums, ob in dieser oder einer anderen Realität. Jetzt oder irgendwann.

Und genau das ist das Elementarste, das allem und jedem gemein ist. Der „gemeinsame Nenner" aller Realitäten und allen Seins.

Wenn Sie sich den Schamanismus im Allgemeinen anschauen oder sich mit der Glaubenslehre irgendeines Volkes auseinandersetzen - sagen wir einen Volksstamm, den wir gerade erst (oder er uns) entdeckt haben - dann werden wir genau diesen einen Nenner finden. Die Konzepte und somit die Interpretationen mögen fremdartig und vielleicht auch zunächst sinnlos erscheinen. Im Kern aber werden Sie die eine Wahrheit entdecken. Eine Wahrheit, die Ihnen sehr vertraut sein wird, immer, hier und überall im Universum. Dieser gemeinsame Nenner ist genauso universal wie die unendliche Zahl Pi, die Gravitation und jedwedes sogenannte Naturgesetz - ob bereits entdeckt oder noch verborgen.

Jedes bewusste Leben ist aufgerufen, diese eine, grundlegende, elementare Wahrheit zu suchen, zu finden, um darüber sich selbst zu erkennen und so den Weg zurück zum Ursprung einzuleiten.

Diese „Rückkehr zum Ursprung" ist die finale Einsicht und Realisierung, dass es keine Vielheit, sondern nur ein einziges allumfassendes „Wir" gibt. Ein „Wir", welches gleichzeitig jedwedes „Ich" darstellt und „Alles, was ist, war und immer sein wird" genannt wird.

*

Stephen Hawking (Fußnote) vertritt die Ansicht, dass es für unser Universum keinen lenkenden und eingreifenden Gott benötigt und somit auch kein Gott existiert.

(Fußnote: Stephen William Hawking, (* 8. Januar 1942 in Oxford, Großbritannien) ist ein britischer theoretischer Physiker und Astrophysiker. Von 1979 bis 2009 war er Inhaber des Lucasischen Lehrstuhls für Mathematik an der Universität Cambridge, den einst Isaac Newton und Paul Dirac innehatten.)

Das mag, zumindest was Hawkings „Gottesbild" angeht, durchaus zutreffend sein, ist aber mitnichten ein Beweis der Abwesenheit einer schöpferischen, kreativen Instanz. Er begründet, dass alles, selbst die Unordnung und das Chaos, Regeln folgt, die zwangsläufig zu bewusstem Leben führt.

Und er führt die Ursache für unser Universum auf ein Multiversum zurück, in dem es unendlich viele Universen gibt und wir nur das Glück haben, in einem wie dem unsrigen zu existieren. Zufall.

Die Wahrscheinlichkeit (Fußnote), dass unser Universum so ist wie es ist und dass wir beide, Sie und ich, hier über dieses Buch miteinander kommunizieren, liegt bei 10 hoch 10 hoch 127. Eine unglaubliche, ja schon fast monströse Zahl und würde sie auf Papier ausgeschrieben und gestapelt, das gesamte beobachtbare Universum ausfüllen würde.

(Fußnote - Bezug: DEdjW: Teil 2)

Nehmen wir nun diese Wahrscheinlichkeit und führen diese mit Hawkings Theorie zusammen, so bringt demnach nur jedes 10 hoch 10 hoch 127te Universum Leben hervor, so wie wir es kennen.

(…)

Dies wäre eine gewaltige Verschwendung von Ressourcen und das sähe dem, was wir gemeinhin „Natur" nennen, völlig unähnlich.

Ich stimme trotzdem mit Hawking überein: Es bedarf nicht einer lenkenden und eingreifenden Gottheit.

Unsere Realität ist derart fantastisch, komplex (Ursache und Wirkung/Naturgesetze) und so unglaublich präzise auf sich selbst abgestimmt, dass es eine Schöpfung sein muss.

Das, was Hawking explizit anführt, um eine Nichtexistenz eines Schöpfers und Lenkers zu unterlegen, beweist letzten Endes genau das Gegenteil: Eine Schöpfung und eine Instanz, die ich „Alles, was ist, war und immer sein wird" nenne, die so unermesslich zielführend ist, dass am Ende immer dasselbe Ergebnis steht: Endloses, altruistisches und individuell ausgeprägtes allumfassendes Bewusstsein.

So, als würden sie einen Baum pflanzen, ihn liebevoll einsetzen und ihn dann der Natur überlassen.

Sie müssen dem Baum nicht sagen, wie er zu wachsen hat und was er tun muss, um Früchte hervorzubringen.

Das macht er schon ganz von „alleine".

ERKENNTNISSE UND EINSICHTEN

Einsicht geht nur über das Erkennen.

Erkennen nur über Achtsamkeit.

Einsicht beinhaltet allumfassendes Verstehen sowie das gleichzeitige Erkennen von Zusammenhängen.

Um zu ihr zu gelangen, müssen wir zunächst erkennen. Die Erkenntnis setzt wiederum Wissen und Achtsamkeit voraus, welche wie Brotteig auch - ruhen und gären will, um so zur Reife zu gelangen. Erkenntnis kann nicht angeeignet werden durch „auswendig lernen" oder durch das „bloße Mitglied" sein in einer, wie auch immer gearteten Glaubensgemeinschaft.

Man könnte auch sagen, dass Sie nicht das sind was Sie tun, sondern, Sie sind das, wovon Sie in Ihrem tiefsten Inneren überzeugt sind und Sie werden zu dem, woran Sie ständig denken.

Worauf es ankommt, sind: Ihre Überzeugungen. Diese bestimmen und gestalten Ihr Leben.

Meistens kommt die Erkenntnis plötzlich und unerwartet. Auf dem Weg zur Arbeit, beim Fernsehen oder mitten in einem Gespräch. Das aktuelle Geschehen hat meist überhaupt nichts zu tun mit der Erkenntnis, die da plötzlich und unerwartet vor uns (in uns) steht. Ähnlich dem Wissen um den Aufenthaltsort eines verlegten Gegenstandes, von dem wir plötzlich wissen, wo wir ihn hingelegt haben.

Viele Erkenntnisse werden über ihre Zusammenhänge zu Einsichten, welche wiederum „Überzeugungen" gleichgesetzt sind. Und es sind diese tiefen Überzeugungen, die unser Leben hier *und* in den energetischen Welten bestimmen und von denen wir sagen: „Das Äußere ist ein Spiegelbild des Inneren".

Es verhält sich so, dass Einsichten in uns „aufgeschlossen" werden und wir so neue, höhere Stufen erlangen. Wenn Sie dieses Ihrem Puppenspieler (Fußnote) und somit Ihrem Unterbewusstsein zuschreiben, ist das in Ordnung und erst einmal durchaus zutreffend.

> Fußnote: Zitat aus DEdjW Kapitel: „Das Who is Who der Seele" Auszug: „Der Puppenspieler ist mein Konzept, um unsere Anbindung an das Netzwerk Menschheit (be)greifbar zu machen. Er ist uns verborgen und agiert im Hintergrund. Sie sehen ihn jeden Morgen, wenn Sie in den Spiegel schauen. Das einzige, was Sie vom Puppenspieler unterscheidet, ist, dass er weiß, dass Sie träumen. Der Puppenspieler ist Ihr eigentliches Ich auf allen Ebenen und Sie sind ein Teilaspekt von ihm."

Wie ich bereits im vorangegangenen Kapitel angeführt habe, werden Ihnen neue Erkenntnisse immer im Einklang mit Ihrer Aufnahmefähigkeit „gezeigt". Eine Überforderung, selbst eine gewollte, ist ausgeschlossen.

Das letzte Kapitel eines Krimis zuerst zu lesen, macht Sie nicht zu einem besseren Kriminologen. Auch hier gilt: Der Weg ist das Ziel. Erst wenn Sie ein Kapitel gelesen und verstanden haben, geht es weiter zum nächsten.

Lassen Sie sich Zeit und denken Sie nicht zu viel über neue Einsichten nach. Diese kommen automatisch zu Ihnen und zwar immer dann, wenn Sie soweit sind.

Ein gutes und sehr effizientes Mittel, um diese herbeizuführen, ist das Studium und die anschließende Diskussion sowie der Austausch mit Gleichgesinnten. Dabei kann Neues entstehen und in die Welt gelangen. Ich denke bei diesen Tätigkeiten nicht nach, lese nicht gedanklich ab (von wo auch), sondern es geschieht einfach.

Aber auch das *Einlassen* auf das Schreiben (dieser Zeilen) an und für sich löst Erkenntnisse aus, die dann beim Schreiben plötzlich „da" sind und einfließen. Wichtig hierbei ist es, den Verstand ruhen zu lassen, sowie im Gespräch als auch beim Schreiben. Ich greife einfach das auf, was mir direkt „eingegeben" wird und formuliere es sofort im Gespräch oder auf Papier, ohne es von meinem Verstand in die Mangel nehmen zu lassen. Das geht dann schon einmal so schnell, dass ich Probleme habe, mitzuhalten. Im Anschluss gehe ich dann erneut das Geschriebene durch und korrigiere den Text, da durch die schnelle Eingabe auf dem Tablet Tippfehler zuhauf entstehen.

Je bewusster und achtsamer Sie durchs Leben gehen, desto mehr „wirklich Wichtiges" kann Ihnen von Ihrem Puppenspieler auch gezeigt und von Ihnen wahrgenommen werden. Wenn Sie Ihren Gedanken nachhängen, Sie vor sich hindenken, dann sind Sie blind und taub für das was er (oder sie) Ihnen zeigen möchte.

Nach einiger Zeit werden Sie eine gewisse Dynamik erfahren und die Erkenntnisse kommen zunehmend schneller - eine sehr bereichernde Erfahrung.

*

Manchmal denke ich auch nur (eine Art Reflektion) an ein Ereignis oder an etwas, was ich gesehen habe. Ich sage in diesem Zusammenhang auch gerne etwas, das mir gezeigt wurde. Manchmal ist es aber auch nur ein Stichwort, ein Bild, welches eine wahre Flut an weiteren Informationen auslöst.

Nichts von dem hier aufgeschriebenen Wissen gehört mir, da nichts aus sich selbst heraus existiert. Es kommt (nur) durch mich in die Welt.

*

Dankbarkeit und Demut sind gute Wegbegleiter. Wenn Ihnen etwas Gutes wiederfährt, sich Ihnen eine Erkenntnis offenbart, Sie einfach nur eine Idee haben oder die Ampel bei Ihrem Herannahen auf Grün umspringt, bedanken Sie sich, wenn auch nur gedanklich.

Auch das hat einen positiven Effekt auf Ihre erlebte Realität. Es macht Sie achtsamer und Sie lernen auch die kleinen und selbstverständlichen Dinge im Leben zu schätzen. Sie fokussieren dadurch quasi auf das Positive.

Bei wem bedanken?

Unwichtig, Sie können aber sicher sein, dass Ihr Dank genau dort vernommen wird, wo das Geschehene seine kausale Ursache hat. Vielleicht werden Sie nach Beendigung Ihrer Inkarnation feststellen, dass Sie sich bei sich selbst bedankt haben. Da „Sie" aus der Ewigkeit heraus agieren, geschehen alle Ihre Inkarnationen auch irgendwie „zeitgleich". Ein Umstand, der aus der Raumzeit heraus nur schwer nachzuvollziehen ist.

Vollkommene Klarheit über die Mechanismen unserer Existenz, dem Ausprägen unserer Seele, dem Sammeln von Erfahrungen, werden wir erst dann bekommen, wenn wir diese Existenz „hier" beendet und unseren Körper abgelegt haben.

Über eines jedoch bin ich mir vollkommen im Klaren: All das, was ich sage und denke, ist nicht von mir, der Inkarnation. All das wird - oder besser gesagt wurde - bereits (vor)gegeben und ich erlebe eigentlich nur wie es sich *anfühlt*, „Martin Heyden" zu sein.

Darauf werde ich gleich noch weiter eingehen.

ERFAHRUNGEN

„Die Weisheit eines Menschen misst man nicht nach seinen Erfahrungen, sondern nach seiner Fähigkeit, Erfahrungen zu machen."

George Bernard Shaw

Ich schaue mir die Welt an, intensiv und tiefgründig. Früher habe ich auf meinen Reisen meinen Körper in die Sonne gelegt, heute schaue ich mir die Orte und vor allem die Menschen an, die dort wohnen. Das mag auf der anderen Seite unseres Planeten sein oder im Dorf nebenan. Es macht keinen Unterschied.

Es ist ein Trugschluss, hervorgerufen durch das Ego, dass alles Gute in der Ferne liegt („Nachbars Rasen ist immer grüner!"). Dem ist aber nicht so. Ich habe die Erfahrung gemacht, dass Menschen, in deren Nähe ich wohne, zwar viel über das Leben zu wissen scheinen, aber oft nicht wissen, wo sie eigentlich „leben".

Ich weiß wovon ich rede. Ich habe meiner Familie viel zugemutet und wir haben in den letzten 30 Jahren an acht verschiedenen Orten gelebt. Einmal blieb meine Familie zurück, da meine Söhne in der Ausbildung waren. Ich habe damals eine Wochenendehe geführt

Vor einigen Jahren habe ich angefangen, ausgedehnte Wanderungen in meiner unmittelbaren jeweiligen Umgebung durchzuführen. Sehr zur Freude unseres Hundes, manchmal zum Leidwesen meiner lieben Frau (… die Füße).

Es gibt dort, wo Sie wohnen, viel zu entdecken.

Sollten Sie jetzt denken, dass ist bei Ihnen nicht der Fall, da Sie schon 30 Jahre am selben Ort wohnen und bereits alles kennen, gesehen und gehört haben, dann muss ich Ihnen leider sagen, dass Sie sich irren.

Das Gute liegt oft direkt vor Ihrer Haustür und wartet nur darauf, von Ihnen (wieder) entdeckt zu werden. Wiederentdeckt deshalb, da vieles gar nicht von Ihnen wahrgenommen werden kann, da die entsprechende Information nicht mehr zum „Allgemeinwissen" Ihrer Wohngegend gehört.

Nehmen Sie doch nur einmal Straßennamen. Wer war das? Warum heißt der Weg so und nicht anders?

Sie können zum Amt gehen, um die entsprechende Information zu erlangen, aber selbst dort werden Sie oft nur ein Achselzucken ernten. Das können Sie noch ausdehnen auf Gebäude, Plätze, Orte im Allgemeinen, Landschaftsnamen, die Flora und Fauna Ihrer Gegend. Kurz: Heimatkunde ist "out" und somit gibt es kaum oder nur noch sehr wenige Menschen, die sich damit auseinandersetzen und Wissen dokumentieren.

Einige von den Wenigen, die nach verlorenem Wissen suchen, veröffentlichen dieses Wissen und machen uns so ihre Erkenntnisse über das Internet oder über Bücher zugänglich.

Dieses Phänomen lässt sich noch weiter ausdehnen. Was war hier (da, wo Sie gerade diese Zeilen lesen) vor einigen tausend Jahren?

Ganze Kulturen, Religionen, Gemeinschaften und vor allem, „uraltes Wissen" sind in unseren Wahrnehmungen und Informationsbibliotheken einfach nicht mehr existent.

Was ist uns da alles verloren gegangen? Sind wir die erste Zivilisation auf diesem Planeten? Welche Religionen, Kulte und welche spirituellen Einsichten gab es vor 15 000 Jahren oder noch viel früher?

Da ausschließlich alles auf derselben „Wahrheit" beruht und wir heute, im Materialismus lebend, weiter von ihr entfernt sind als unsere Vorfahren, wäre es doch hochinteressant zu erfahren, über welches Wissen und über welche Einsichten diese verfügten.

Mich faszinieren alte Fotos, Bilder, Geschichten, Mythen, Legenden und vor allem mystische und sehr alte Orte, wie die Externsteine, Kornelimünster, Jerusalem und so weiter.

Sie alle helfen mir zu verstehen, vergessene Zusammenhänge wieder herzustellen und vergessenes Wissen wieder „aufzudecken".

Sie wissen bestimmt, dass es viele Kultstätten auf unserem Weltenkörper gibt, an denen heute Einrichtungen (sogenannte Sakralbauten) der großen Weltreligionen stehen.

Nicht selten lassen sich an ein und demselben Ort gleich mehrere Tempel, Heiligtümer und Sakralbauten finden. So zum Beispiel in Jerusalem, in deren Altstadt sich der Tempelbezirk befindet. Wussten Sie, dass die Klagemauer, die sich dort befindet (die Westmauer des Plateaus des *zweiten* Jerusalemer Tempels) mit einer Höhe von 18 Metern nur ein Drittel der Gesamthöhe darstellt? Ein Drittel wurde abgetragen und weitere 18-20 Meter befinden sich *unter* der Erde und wurden erst vor kurzem freigelegt und zugänglich gemacht.

Bild. Tempelberg mit Klagemauer im Vordergrund. Im Hintergrund: der Felsendom. Foto: Martin Heyden

Lange bevor vor 3000 Jahren der *erste* Tempel auf dem „Tempelberg" durch Salomo errichtet wurde, war dieser Ort ein besonderer und wurde verehrt und als Kultstätte genutzt. Der Legende zufolge hat Gott an dieser Stelle die Erde entnommen, um den Adam zu formen. Heute ist dieser Ort, der auch das

„Zentrum der Welt" genannt wird, deutlich durch die Al-Aqsa-Moschee sichtbar und wird tief unterhalb vermutet, weswegen auch viele Gläubige zu dem nun zugänglichen Fuß der Klagemauer gehen, um dort ihr Gebet zu verrichten.

Besondere Orte gibt es viele, auch in unseren Landen und ganz sicher auch in Ihrer Nähe.

Wie heißt es so schön: Wer suchet, der findet.

*

Routine, obwohl notwendiger Bestandteil des Lebens, ist nicht zielführend. Sie führt in eine Sackgasse und in Ermangelung von neu gemachten Erfahrungen beginnt mit zunehmendem Alter die Zeit immer schneller voran zu schreiten. Die Seele degeneriert.

Der Routine fehlt das Neue und das Unbekannte. Es ist für die Entwicklung der Seele von immenser Bedeutung, stets neue Erfahrungen zu machen und neue Menschen, Orte und Dinge zu entdecken und zu „erfahren".

Mindestens genauso wichtig wie neue Erfahrungen sind kreative Prozesse. Erschaffen Sie so oft wie möglich etwas „Neues". Egal, um was es sich dabei handelt: Gartenarbeit, Aquariumspflege, Malen, Schreiben, Freundschaften pflegen oder neue knüpfen.

Die Möglichkeiten sind grenzenlos und die besten Dinge im Leben sind kostenlos, leicht anzugehen und direkt in Ihrer Nähe. Es liegt nur an Ihnen. Niemand wird sich Ihnen in den Weg stellen.

Wie Sie bereits in meinem ersten Buch lesen konnten: Sie können all das sein, was Sie sein möchten. Sie müssen nur aufstehen und den ersten Schritt machen - mehr ist nicht nötig.

ERLEUCHTUNG

VERSTEHEN

„Du schaffst das!", war die Aussage eines, mir unbekannten, behinderten Menschen, der auf einem der Weltkirchentage spontan und zielgerichtet auf mich zukam, mir tief in die Augen schaute und dabei seine Hand auf meine Brust, dort, wo sich das Herz befindet, legte. Dieses Erlebnis ist Jahre her, berührte mich tief und nachhaltig"

Tom J.

*

Ich hielt mich in dem Büro eines Bekannten auf und erzählte ihm gerade von dieser Geschichte und dass ich Tom diesbezüglich noch eine Rückmeldung geben wolle, als dieser sich, einem Impuls folgend, aufmachte, um meinem Bekannten noch einen Arbeitsvorgang zu geben, der schon etwas länger auf seinem Schreibtisch lag.

Nicht wissend, dass ich mich auch in diesem Büro aufhalte und gerade über ihn spreche, stand er auf einmal in der Tür und mein Bekannter sagte nur: „Wenn man vom Teufel spricht".

*

Je weiter ich mich über die Achtsamkeit entwickle, desto mehr komme ich in die Lage, Zusammenhänge zu verstehen bzw. sie anzustoßen. Ich werde sensibler und sehe und erfasse Abläufe und Geschehnisse, während sie geschehen oder bevor diese geschehen. Auch wird meine „Präsenz" im Feld stärker. Stark genug, um Ereignisse (zurzeit noch unbewusst) anzustoßen. Damit einhergehend werde ich, mehr und mehr, Herr über mein Leben und meine persönliche Entwicklung. Ich entwickle einen freien Willen oder anders ausgedrückt, der freie Wille rückt, einhergehend mit meiner Entwicklung, zunehmend in mein Bewusstsein. Ich übernehme meinen Puppenspieler.

*

Ich scheine eine Art Seele zu sein, die wahrgenommen und gesehen wird (nur um das klarzustellen, das ist nicht immer ein Vorteil). Ich beobachte oft und viel meine Umgebung, vor allem Menschen, aber auch Tiere (Vögel haben es mir angetan). Wenn ich von einem Ort zu einem anderen gehe, dann fällt mir auf, dass fast alle Menschen in meiner Umgebung vertieft sind. Sie schauen nach unten, während sie ihres Weges gehen, sei es in Gedanken versunken oder die Augen auf ein digitales Gerät gerichtet. Sie sind sich ihrer selbst nicht bewusst und sind „offline". Der Verstand arbeitet und das Bewusstsein ist abgemeldet. So war ich auch bis vor einigen Jahren und manchmal passiert es mir immer noch.

Irgendwann habe ich angefangen, bewusst nicht nach unten zu schauen, zu beobachten, wahrzunehmen und dabei nicht zu denken oder zu interpretieren. Heute nenne ich so etwas Achtsamkeitsübungen.

Dabei empfinde ich die Ruhe als sehr angenehm und nicht selten kommt es so zu Ideen, neuen Erkenntnissen und Perspektiven. Ich empfinde mich dabei als „online". Kommen mir Mitmenschen entgegen, grüße ich freundlich und manchmal erschrecken diese oder schrecken gar auf und schauen mich verdattert an, um dann, etwas verspätet, den Gruß zu erwidern.

In letzter Zeit geschieht es immer häufiger, dass Menschen, die mir entgegenkommen, zunächst aufblicken und mir dann direkt in die Augen sehen, noch während ich an ihnen vorbeigehe. Ich weiß, dass einige dieser Menschen immer noch „offline" sind. Sie denken weiterhin vor sich hin oder unterhalten sich weiterhin mit ihren Nachbarn, nur dass sie mich dabei ansehen.

Würde man sie später fragen, kann ich mir gut vorstellen, dass sie sich nicht an mich erinnern können. Wie auch? Sie waren sich ihrer selbst nicht bewusst.

Aber was hat mich dann angesehen?

Irgendetwas ihn ihnen hat mich als eine präsente, sich bewusste, Seele erkannt und hat Blickkontakt mit mir aufgenommen. Ein Phänomen, dem Umstand ähnlich, dass Menschen wissen, wenn sie von hinten bewusst angestarrt oder beobachtet werden.

Es gibt Menschen, die werden nicht wahrgenommen. Ich hingegen (und nun komme ich zum Nachteil) betrete einen Saal und werde registriert. Der Umstand, dass ich extrovertiert bin, kommt hier noch erschwerend dazu und gibt dem Ganzen dann einen relativierenden, aber auch plausiblen Anstrich.

Warum ich das alles für wichtig halte?

Durch sich „bewusst sein" und „Achtsamkeit" können wir Einfluss auf unsere Realität, deren weiteren Verlauf sowie auf inkarnierte Seelen nehmen und erlangen somit bis zu einem gewissen Grad Einfluss und freien Willen auf die weitere Entwicklung unserer Erfahrung, unseres Lebens.

Freier Wille: Ja oder nein? So einfach ist das nicht. Wie Sie wissen, gibt es zwischen schwarz und weiß noch jede Menge Graustufen (Fußnote).

Fußnote - Bezug: DEdjW Kapitel: „Der freie Wille und der Sinn des Ganzen".

*

Sie wollen etwas aussprechen und suchen nach dem Wort und plötzlich wird dieses von einem anderen Menschen in Ihrer Nähe ausgesprochen.

Sie denken an eine bestimmte Analogie und bevor Sie diese ansprechen können, wird sie von Ihrem Gesprächspartner verwendet. Zuerst ist da immer die Projektion in Ihrem Bewusstsein und erst dann wird der Versuch unternommen, das Gesehene mit Worten zu transportieren, also zu formulieren.

Wie Sie noch in einem späteren Kapitel lesen werden, existiert alles Wissen genau ein einziges Mal. Die Illusion des mehrfach vorhandenen Wissens ergibt sich aus Verlinkungen und Verweisen. Die Analogie, die Sie sehen, wird durch entsprechende Resonanz auch von anderen Menschen, unabhängig von Ort und auch Zeit, wahrgenommen. Sie sind nur der Katalysator, dessen Bewusstsein einem anderen Bewusstsein einen Fingerzeig gibt, wo die gerade relevante Information sich befindet. - Telepathie! -

Und diese ist wiederum eine Entsprechung der Kommunikation in den energetischen Welten. Unser Unterbewusstsein (der Puppenspieler) bedient sich ausschließlich dieser Methode und je weiter Sie, und somit Ihr freier Wille, entwickelt sind, je mehr können Sie diese Fähigkeiten nutzen, je stärker sind Ihre Eigenschaften als Katalysator.

Da alles Wissen bereits existiert, existiert auch zu jeder Frage bereits die Antwort. Mehr dazu im Kapitel „Wem gehört Wissen?"

Was können wir daraus schließen? Doch nichts anderes, als dass bereits die Formulierung einer Frage die Antwort in die Welt bringt und dass wir, ausnahmslose alle, in einem Feld zusammen „sind", welches eine weiterführende, meist unbewusste Kommunikation (wie oben dargestellt) ermöglicht.

Um also eine Idee in die Welt zu bringen, muss zunächst die Frage vorhanden sein. Die Frage ist das Ergebnis der Inspiration, die Antwort ergibt sich wiederum aus der Intuition.

*

Betrachten Sie sich für einen Moment als einen Behälter mit einem limitierten Fassungsvermögen. Eine Glaskugel wäre eine schöne Analogie. Solange Sie Ihren Verstand, ein und denselben Gedanken, immer und immer wieder produzieren lassen, ist das Volumen schnell gefüllt - und zwar mit sich ständig kreisenden Gedanken. Das dürfte Ihnen vertraut sein. Die Kugel ist undurchsichtig, nebulös und Sie können weder hinein, noch hinaus schauen.

Eine schöne Übung ist es, sich seine negativen Gedanken als einen schwarzen Schleier vorzustellen. Schließen Sie dabei Ihre Augen. Dadurch werden diese greifbar. Nehmen Sie nun Ihre (geistige) Hand, ergreifen Sie diese Gedanken, indem Sie Ihre Hand zu der Stelle am Körper führen, wo Sie diesem Gedanken gefühlt am nächsten sind. Dann schleudern Sie diese von sich. Das funktioniert und schafft einen leeren, sorgenfreien Raum.

Wie auch immer sie es anstellen, leeren Sie Ihre Glaskugel! Versuchen Sie nur wahrzunehmen, nicht zu interpretieren. Kein Gedanke soll einfließen.

Spüren Sie den Wind auf Ihrer Haut? Das Abperlen eines Regentropfens? Das Geräusch der Grillen im Gras? Versuchen Sie, für einen Moment die ganze Welt mit Ihren Sinnen zu erfassen, allerdings ohne zu fokussieren. Einzige Ausnahme: Der Verstand und mit ihm die Interpretation bleiben draußen.

Die Glaskugel leert sich und schnell stellen sich Zufriedenheit und Ruhe ein. Mich überströmt dabei regelmäßig ein Glücksgefühl, das durch den gesamten

Körper fließt. Intuition und Inspiration halten Einzug. Das sind spontane Bilder und Ideen, die da plötzlich in unserer „Glaskugel" präsent sind.

Mit dieser oder weiteren Achtsamkeitsübungen (Meditation, Gebet, mantraartiges Aufsagen von Versen usw.) erweitern Sie Ihre Anbindung an das Feld.

Weisheit, Kreativität, Einsichten und Ideen sind die Belohnung. Immer häufiger werden Ihnen „Unmöglichkeiten" widerfahren. Sie werden spirituell reifen und eine Wahrnehmung entwickeln, die es Ihnen erlaubt, die andere Seite zu „empfinden" und zu „sehen".

Sie werden sich Ihrer Existenz bewusst und sehen sich als ein Wesen, welches eingebettet ist in multidimensionale Realitäten. So wird Glaube zu Wissen. Ihre Entwicklung beschleunigt sich, Sie werden die Angst vor dem Tod „Die große Illusion" verlieren und anfangen, Selbst- und Gottvertrauen - im Grunde ein und dasselbe- zu entwickeln. Ihre Existenz wird bereichert durch neue Erfahrungen und „Dinge", die Sie erschaffen.

VOM LOSLASSEN UND DEM FREIEN WILLEN

Vor einiger Zeit erlebte ich im klaren Wachzustand einen spontanen Bewusstseinszustand, von dem ich heute noch nachhaltig zehre.

Der Tag neigte sich dem Ende zu. Ich war gerade ins Schlafzimmer gegangen, als es „passierte". Es geschah im Stehen und überrumpelte mich förmlich.

Die Zeit stand still und ich hatte meine Identität („mich") vergessen. Da stand ich nun, gefangen in einem zeitlosen Moment.

Ich wusste nicht mehr, wer ich war oder bin. Ich fühlte mich unendlich, ewig und ein immenses Glücksgefühl durchströmte mich dabei. Ich erkannte, dass Menschen wie „Martin Heyden" nur eine Aneinanderreihung von Informationen sind, eine Ansammlung von Erfahrungen. Ich wusste, dass „ich" viel mehr bin als diese Information, die ich zurzeit „durchlebte". Dieser Körper (und alle die Erfahrungen, die „er" durchlebt) ist Information und Mittel zum Zweck, ein Vehikel.

Das war überwältigend. Ich bin so viel mehr.

Der Schlüsselmoment war die überwältigende Erkenntnis, dass ich weiter existiere, auch wenn „Martin Heyden" aufhört zu sein. „Er" ist nicht mehr als ein Sommerausflug ins Grüne. Eine gute und weiterführende Erfahrung.

Und dann (immer noch derselbe Moment oder Augenblick) kam die Angst hochgeschossen: „Hilfe! Ich vergesse mich!".

Rums.

Und da war ich wieder.

Ich bin dann wieder hinunter gegangen und habe meine Frau erst einmal gefragt:" Stimmt es, dass ich Martin Heyden bin, Bücher schreibe usw.? Sie hat meine Fragen bejaht und mich dabei sehr merkwürdig angesehen.

In dem Buch „Blick in die Ewigkeit" von Eben Alexander wird diese Erfahrung ebenfalls gut und nachvollziehbar dargestellt. Ich halte sie für das Kernelement seines Buches.

*

Der Puppenspieler ist der unbewusste Teil von uns, der Sie morgens im Spiegel anschaut. Manchmal lächelt er, manchmal ist er noch schlaftrunken und kaum im Spiegel zu erkennen und hin und wieder ist er auch traurig.

Er verwaltet unsere Erfahrungen und führt uns, nach der Beendigung unserer biologischen Reise durch die Zeit, durch die Lebensrückschau. Er steuert uns und sorgt kausal dafür, dass die Aufgabe, die wir uns vor der Menschwerdung selbst gegeben haben, auch erfüllt wird. Ihr Puppenspieler sind Sie selbst. Der einzige Unterschied ist, dass er (oder sie) weiß, dass Sie träumen.

Bevor entwickelte Seelen einen Teil von sich „inkarnieren" und dem Vergessen übergeben, programmieren Sie den Teil von sich, der als Puppenspieler zurückbleibt und uns durchs Leben führt. Wir hinterlassen eine Art Frage, die uns von ihm gestellt wird und zwar unmittelbar, nachdem wir verstorben sind. Können wir diese beantworten, dann haben wir das vorgegebene Ziel erreicht und dürfen weiter. In jedem anderen Fall geht es zurück.

Es kommt aber auch vor, dass die Entscheidung getroffen wird, „weiterzumachen", obwohl das Primärziel erreicht wurde, da sich dadurch eine vorteilhafte Weiterentwicklung versprochen wird. Dieses ist möglich und wird nicht nur in dem Klassiker (der Spiritualität) „Gespräche mit Seth" erläutert.

Ich darf an dieser Stelle erwähnen, dass wir uns durchaus als multidimensionale Wesen verstehen können, die in vielen Wahrscheinlichkeitsrealitäten existieren und dort Erfahrungen sammeln. Dieses können Sie in den Erfahrungsberichten von vielen Reisenden nachlesen, zum Beispiel bei R. Monroe. Erinnern können Sie sich allerdings nur an diese eine, in der Sie gerade dieses Buch lesen.

Zugegeben, dass macht es nicht einfacher. Vielleicht hilft es, wenn ich Ihnen sage, dass wir alle im selben Boot, in derselben Realität sitzen.

*

„Loszulassen" und sich vom Leben und somit vom Puppenspieler (an)treiben zu lassen, fördert Ihre Entwicklung weit mehr, als zu versuchen, ihr „Schicksal" zu erzwingen.

Gottvertrauen und das Wissen, dass alles gut ist und wird, ist da sehr hilfreich. Letzteres ist mehr als Glaube und wird gemeinhin auch Überzeugung genannt. Gelassenheit und Frohmut bieten in diesem Fall ein gutes Mittel. Lassen Sie den Puppenspieler mal machen, er weiß schon, was zu tun ist. Wenn Sie versuchen zu steuern, ohne die nötige Reife, den Willen und das Wissen zu haben, werden Sie Schiffbruch erleiden. Der Puppenspieler sitzt am längeren Hebel. Mit dem Kopf durch die Wand zu wollen kann eine schmerzhafte Erfahrung werden.

Es ist Ihre Entscheidung.

- Sie können loslassen und sich vom Leben treiben lassen. Alles ist in bester Ordnung und am Ende wird alles gut, und wenn nicht, dann ist es auch noch nicht das Ende (ich konnte leider den Urheber dieses Zitates nicht eindeutig identifizieren).

- Sie können dagegen halten, sich wehren und versuchen, Ihren Willen durchzusetzen. Sie werden verlieren, psychisch oder physisch krank werden, unzufrieden und /oder unglücklich werden. Im schlimmsten Fall, nimmt der Puppenspieler Sie (sich selbst) durch Krankheit, Unfall etc. aus der laufenden „Erfahrung" heraus. Das Ende wird so gewählt, dass dieses Ihrer Gesamtentwicklung am förderlichsten ist.

- Sie erkennen, wer Sie sind („erwachen") und nehmen durch Kooperation mit Ihrem Unterbewusstsein (Puppenspieler) Einfluss auf Ihre weitere Entwicklung. Sie formulieren Wünsche, die Ihrer Entwicklung förderlich sind oder zumindest ihr nicht zuwider laufen. Dafür müssen Sie allerdings auch loslassen.

Ähnlich wie beim Hineinfahren in eine Waschstraße:

- Sauber „einfahren",
- Gang raus,
- Handbremse lösen,
- Lenkrad loslassen und auf geht's.

Der Trick hierbei ist, aus der Positivität heraus zu handeln und es dem Puppenspieler zu überlassen, die notwendigen Momente der Zukunft anzusteuern und dabei mit anderen Puppenspielern, Realitäten sowie Wahrscheinlichkeiten Kausalketten zu bilden bzw. diese entsprechend zu verändern.

Das geht nicht von heute auf morgen. Aber das wissen Sie ja bereits. Geben Sie sich und dem Puppenspieler die Zeit, die nötig ist. Je weniger sie „pushen", umso schneller geht es voran.

*

Sie drücken, mit aller Macht, gegen eine Wand und nichts tut sich. Erschöpft lehnen Sie sich an die Wand und „fallen durch". Unlogisch, aber diese Analogie trifft es ziemlich genau.

Sicher, es gibt „Spontan–Heilungen" und auch Menschen, die Fremdsprachen perfekt in ein oder zwei Wochen erlernen. Das sind jedoch spektakuläre Ausnahmen und stehen oft in Verbindung mit einer physischen Behinderung (eingeschränkte Sinne) und /oder einer psychischen Erkrankung oder Behinderung (Manisch-depressiv Erkrankungen/Autisten etc. – siehe auch Kapitel „Das Feld" DEdjW)

Hier noch einmal, ein gut gemeinter Rat:

„Sich um die Zukunft zu sorgen, ist so effektiv, wie der Versuch eine mathematische Gleichung durch Kaugummi kauen zu lösen." (Fußnote)

Fußnote: Auszug aus einer Kolumne (mit noch mehr kostenlosen und guten Empfehlungen) von Mary Schmich, Chicago Tribune, im Juni 1997. Später (1999) von Baz Luhrman in einem Song verarbeitet.

*

Menschen, die erst wenige Inkarnationen hinter sich haben, verfügen meist nicht über einen freien Willen. Diese Seelen tauchen in ein weitestgehend vorbestimmtes Leben ein, in dem der Verlauf sowie das Ende von vorne herein feststeht. Entscheidungen werden, zum Besten des inkarnierten Teiles, vom Puppenspieler getroffen. Der oder die Inkarnierten sehen das nicht immer positiv, da die „unschönen" Gegebenheiten oft das größte Potential besitzen. Dazu gleich mehr im Kapitel „Zerstörung".

Somit steht auch die durch gewonnene Erfahrung gemachte Entwicklung, die eine Seele mit einer bestimmten Inkarnation macht, größtenteils fest.

Betrachten Sie einen Menschen als ein 4-dimensionales Gebilde, wobei die 4. Dimension hier die Zeit darstellt. Sie sind also ein Objekt mit Höhe (1.), Breite (2.), Tiefe (3.) und Zeit (4.), gemessen von Ihrer Geburt, bis zu Ihrem letzten Atemzug. Dieses Gebilde ist aus der Ewigkeit heraus klar zu erkennen, ebenfalls die damit einhergehenden zahlreichen Verzweigungen und Möglichkeiten, die eine bestimmte Inkarnation bietet. Da wir multidimensionale Wesen sind, müsste man ein solches 4D-Objekt eigentlich als 5D-Objekt bezeichnen, denn neben der Höhe, der Breite, der Tiefe und der Zeit gibt es da noch die (fast) unendliche Anzahl an „Parallel-Ichs" (5.).

Ich habe das Ganze sehr vereinfacht dargestellt, da wir uns so ein Gebilde schlicht und ergreifend nicht vorstellen können. Aus der Ewigkeit heraus funktioniert das allerdings völlig problemlos.

*

Unter Multiplizität verstehe ich nicht die Definition der Quantenmechanik, sondern ein Gebilde, welches fast unendlich anmutende Möglichkeiten und Variationen einer Entität widerspiegelt.

Ein solches Gebilde, eine Multiplizität, stellt sich der betrachtenden Seele, die für sich eine Lebenslinie aussucht, wie folgt dar:

Am Fuß des Baumes beginnt alles mit der Geburt der Inkarnation. Zu diesem „Zeitpunkt" noch ein seelenloses „Es". Nennen wir es Entität. Nach oben, der Zeitlinie folgend, kommt es bei jeder Entscheidung zu einer Aufspaltung und ausnahmslos alle Möglichkeiten werden realisiert. Ganz gleich, ob diese Entscheidung von der Entität selbst getroffen wird oder diese fremdbestimmt ist. Diese Entscheidungen werden durch abzweigende Linien dargestellt.

Bei etwa vier Jahrzehnten ist unser Gebilde schon extrem komplex und groß geworden. Fast unendlich viele Linien ziehen sich, parallel verlaufend, weiter nach oben, dicht gedrängt Richtung „Ende der Erfahrung".

Ziehen Sie bei 48 Jahren jetzt einmal eine gedachte horizontale Linie, von links nach rechts. Dann bilden die Schnittpunkte auf dem Gebilde wahrscheinlich Trilliarden verschiedene Versionen dieser Entität. Mal ist diese ein Programmierer, entlang eines anderen „Astes" ein Geistlicher und wiederum auf einer anderen Linie ein Landwirt. Wenn Sie jetzt bei dem Programmierer reinzoomen könnten, würden Sie wieder (fast) unendlich viele Variationen dieses Programmierers erkennen. Und wenn Sie ganz genau hinschauen, könnten Sie bei diesem speziellen Gebilde eine Linie erkennen, auf der die Entität gerade ein weiteres Buch über die „Ewigkeit" schreibt.

Natürlich gibt es auch Bereiche, bei denen Linien schon weit vor dem 48. Lebensjahr enden.

Nach und nach - also nach oben hin - endet nun eine Linie nach der anderen. Bis nur noch eine übrig ist und auch diese endet.

Jedes Gebilde ist anders und doch ein Teil aller anderen Entitäten. Gebilde haben unterschiedliche Möglichkeiten, Potentiale und Wahrscheinlichkeiten.

Haben Sie gerade einen Memory Overflow? So nennen wir in der Programmierung einen Fehler, wenn der Arbeitsspeicher, bedingt durch zu hohe Rechenleistungen, überläuft. Die Erfahrung machen wir Menschen gewöhnlich, wenn wir anfangen uns vorzustellen, wie multidimensionale Objekte (größer als drei Dimensionen) denn aussehen könnten. Das funktioniert nicht gut.

Von außerhalb der Zeit betrachtet werden alle Möglichkeiten und Variationen eines Gebildes, unendlich oft und ewig, sich immer wiederholend, gelebt. Es sitzt nur nicht immer derselbe am „Steuer". Und mit jedem „Durchlauf" einer Entitäts-Lebenslinie wird auch Neues erzeugt. Dies nennt man Wachstum.

Das Gebilde ist also auch ein Gefäß, das uns in eine bestimmte Form bringt und die „Reise durch die Zeit" ist der Prozess, der das Gefäß füllt.

Meine Bücher wurden bereits unendlich oft geschrieben und im Wesentlichen habe ich all das nur bei mir selbst abgeschrieben. Das funktioniert umso besser, da ich, seit meiner NTE, Vorausahnungen habe und oft weiß, was „gerade" woanders geschieht - wenn auch noch viel zu oft unbewusst. Es ist fast so, als könnte ich innerhalb dieses Gebildes nach links und rechts, aber auch nach vorne und hinten schauen.

Wenn es mir gelingt, einen neuen Seitenast des multidimensionalen Objektes „Martin Heyden" zu erschaffen, dann trägt das zu gigantischem Wachstum von allem, „was ist" bei. Ich werde dieses noch einmal im späteren Verlauf des Buches aufgreifen, wenn es um Wissen geht.

Vor einer Inkarnation, während der Planungsphase in den energetischen Welten, betrachten wir, alleine oder mit einer Gemeinschaft, solche „Gebilde" und analysieren diese. Wir suchen uns eine bestimmte „Lebensentwicklung" in einer bestimmten „Realität" heraus. Das machen wir, indem wir am Stamm anfangen und eine gedachte Linie ziehen, vom Anfang bis hin zum Ende einer bestimmten Entwicklung (wir nennen das irreführenderweise „Tod"). Wir legen also unser gesamtes Leben fest. Hier geht er auf diese Schule, dann macht er folgenden Abschluss. Er wird diese und jene kennenlernen. Die Rolle der Schwester wird von einer Seele aus der Gemeinschaft übernommen, genauso wie die Rolle des Sohnes und der Ehefrau. Und so weiter. Als Tod wird ein Herzinfarkt mit 81 Jahren ausgewählt.

Das wäre dann ein statisches und weitestgehend vorherbestimmtes Leben.

Entwickelte Seelen suchen sich ein bestimmtes Gebilde heraus, legen aber nur die Anfänge fest und überlassen alles Weitere der „erwachten" Inkarnation und sind bereit und befähigt, zwischen den weiterführenden Linien zu wechseln. Das Unterbewusstsein - der Puppenspieler - hangelt sich entlang der Zeitlinie, von Möglichkeit zu Möglichkeit. Eine sehr dynamische Variante mit viel Potential, aber auch keine „einfache Nummer". „Ich mache jetzt einmal den Martin Heyden! Und zwar lege ich mich (ihn) fest, bis zu diesem Punkt, dann dürfte ich (er) erwachen und dann schauen „wir" einmal".

Allerdings sind keine gravierenden Kursänderungen möglich. Es gibt gewisse Punkte auf Ihrer Lebenslinie, die, in der Tat, für alle Schläfer und für erwachte Menschen bindend sind. Diese werden in fast jedem Fall erreicht und angesteuert.

Das können sie sich wie folgt vorstellen: Sie wollen von München nach Hamburg fahren. Es gibt eine Vielzahl von möglichen Routen und Beförderungsmittel für diese Fahrtstrecke. Sie alle haben, unabhängig von der Wegstrecke, eines gemeinsam: Sie enden in Hamburg. Aber auch hier gilt: Nicht alles ist in Stein gemeißelt und so ist es auch nicht unmöglich, in Bremen anzukommen. Eine Ankunft in Wien ist allerdings ausgeschlossen, da diese Stadt in der falschen Richtung liegt.

Und so kann es insbesondere für einen „Erwachten" durchaus so sein, dass seine Perspektive in jungen Jahren eine andere ist, als jene, die er 30 Jahre später hat.

*

Wir machen jetzt einmal einen kleinen Versuch zur Auflockerung. Legen Sie dabei das Buch oder Gerät nicht aus den Händen!

Schauen Sie nun auf eine Ihrer Handinnenflächen.

(...)

Wir machen einen kleinen Ausflug in die Kunst des Handlesens, der Chiromantie. Die Frage, welche Hand dafür die Richtige ist, haben Sie gerade selbst beantwortet. Die eine (die „richtige Hand") wird oftmals als die linke Hand gelehrt. Es gibt aber auch Lehren, die sagen, es sei die Hand, mit der Sie schreiben.

Ich denke, dass Ihre „Linien" erst dann in die Realität kommen, wenn diese zum ersten Mal bewusst von einem Menschen oder einem Aufzeichnungsgerät wahrgenommen werden. Vorher haben diese, schlicht und ergreifend, nicht existiert (abgeleitet aus dem Doppelspaltexperiment der Quantenmechanik. Siehe auch DEdjW).

„Zwei Hände, unendlich viele Meinungen und Konzepte".

Keine Angst, Sie werden jetzt nichts über Ihr zukünftiges Leben erfahren. Ich möchte Ihre Aufmerksamkeit auf die Schicksalslinie lenken. Diese beginnt unten in der Handwurzel und verläuft vertikal, über die Hand, bis zur Fingerwurzel. Sie wird auch Saturnslinie genannt.

Diese Linie reflektiert das vorherbestimmte Leben eines Menschen (das Schicksal, wie oben beschrieben). Daher ist es auch möglich, diese zu interpretieren. Aber die Interpretation ist immer nur so gut, wie derjenige, der sie „ausliest".

Ich beziehe mich hier auf die Länge der Schicksalslinie. Hier existieren widersprüchliche Aussagen. Eine lange Linie sagt im Wesentlichen, dass ein Leben vorherbestimmt ist. Eine kurze Linie hingegen, das dem nicht so ist.

Es gibt auch Menschen, die das negieren, also andersherum deuten.

Was sagt uns die Logik? Je länger eine Linie ist, desto mehr kann ich deuten und sagen, was passieren wird; ergo kann ich das zukünftige Schicksal (was wird oder passieren könnte) auslesen.

Bei einer kurzen Linie geht das nicht - Sie dürfen gerne anderer Meinung sein.

Je kürzer eine Linie - von der Handwurzel unten ausgehend -, desto weniger unseres Schicksals ist vorherbestimmt. Später im Leben sind wir selbst für uns verantwortlich.

Natürlich kann man eine bestimmte Linie allein nicht heranziehen und sie sollte auch nicht isoliert betrachtet werden. Wenn Sie es genau wissen möchten, gehen Sie zu jemandem, der sich damit auskennt. Diese(r) sollte über einen entsprechenden Ruf und nachvollziehbare Empfehlungen verfügen.

Ich habe eine sehr kurze Schicksalslinie - einen Zentimeter lang - und ich habe in meinem Leben bereits so viele Erfahrungen gemacht, dass es für fünf reichen würde. Nicht alle Erfahrungen, die ich gemacht habe, waren aus der Kategorie: „Oh, schön! Möchte ich auch haben". Mit dem zeitlichen Verlauf meines Lebens nehmen diese Erfahrungen und die damit verbundenen Einsichten dynamisch zu.

*

Wir alle haben die Illusion des freien Willens und alles ist in bester Ordnung. Ob statischer oder dynamischer Verlauf: Sie sind Teil einer Gemeinschaft und haben sich zu ihrem und zum Besten aller für einen statischen oder dynamischen Verlauf entschieden. Völlig in Ordnung. Wichtig ist doch, dass Sie erwacht sind oder kurz davor sind (sonst würden Sie dieses Buch nicht lesen bzw. wären Sie nicht bis zu dieser Stelle gekommen) und damit eine ganz wichtige spirituelle Reife erlangt haben.

Seelen, die erstmalig inkarnieren, stürzen sich oft kopfüber von Inkarnation zu Inkarnation und alles ist ausnahmslos Schicksal. Erst mit Entwicklung einer gewissen spirituellen Reife werden Sie in den energetischen Welten wahrnehmungsfähig und somit auch „lebensfähig". Wohin es geht, entscheiden Sie ganz alleine durch Ihre innere Ausrichtung und Überzeugungen. Aber das ist ein Thema, welches ich bereits in meinem ersten Buch behandelt habe und hier nur am Rande angerissen werden soll.

Während dieses anfänglichen Prozesses sind es oft Handlungen aus der Negativität heraus, die unser Leben bestimmen und so kommt es vor, dass Sie in einem Leben die Mörderin und in einem folgenden das Opfer sind, dann der Henker und später der Geistliche, der Richter, eine Angehörige und so weiter. Ich habe von Seelengemeinschaften erfahren, die gemeinsam ein solches Szenario „durchgespielt" haben. Wohlgemerkt eine Gemeinschaft von Seelen, die sich gleichen (Resonanzgesetz, siehe auch DEdjW). Diese Gemeinschaften (durchaus gängige Praxis) planen und inkarnieren immer zusammen. Eine von unzähligen Möglichkeiten. Einzige Voraussetzung ist, dass Sie als Seele „erwachen" und aufgehört haben, den Traum des Lebens in den Höllen zu träumen und sich einer Gemeinschaft angeschlossen haben oder „selber" eine (aus sich selbst heraus) bilden.

Es ist auch möglich alle diese Erfahrungen „gleichzeitig" zu machen. Je näher Sie auf Ihrem Weg dem Ursprung vorangekommen sind, desto weniger relevant ist die Zeitlinie für Sie.

Ausnahmslos alle Erfahrungen müssen gemacht werden, auch wenn uns das nicht gefällt. Wie sonst könnten wir lieben, wenn wir den Hass nicht kennen. Wie könnten wir mitfühlen und barmherzig sein, wenn wir den Schmerz und die Not nicht kennen. Wie könnten wir (er)schaffen, wenn wir keinerlei Vorstellungsvermögen besitzen?

Diese Überlegungen sind wichtig und weiterführend, was mich zu den negativen Erfahrungen einer Inkarnation und deren Notwendigkeiten führen.

Danach geht es weiter mit dem Thema „Erwachen.

ZERSTÖRUNG

„Der Vogel kämpft sich aus dem Ei. Das Ei ist die Welt. Wer geboren werden will, muss eine Welt zerstören."

Hermann Hesse

Die Zerstörung an und für sich ist weder gut noch böse. Sie ist die elementare Voraussetzung, um Neues entstehen zu lassen. Ob ich Krieg, Mord und Totschlag gutheiße? Natürlich nicht. Aber ich weiß um die unausweichliche Notwendigkeit dieser Vorgänge. Nehmen Sie einen Sturm. Er ist weder gut noch böse, nur weil er Leben nimmt und Infrastruktur zerstört. Wir Menschen bewerten ihn nur in diesem Sinne. Er fegt im Herbst das Laub von den Bäumen, entwurzelt diese und wirkt zerstörerisch. Aber dort, wo noch vor einem halben Jahr Verwüstung war, steht nun der Frühling in voller Blüte und nach einigen Jahren wachsen neue Bäume heran. Sie können das Wort Sturm gerne mit dem Wort Krieg ersetzen und Bäume mit Menschen. Das mag erst einmal abstoßend auf Sie wirken, aber wenn nur genug Zeit zwischen Ihnen und dem Ereignis liegt, sieht die Welt mit Sicherheit anders aus.

Wäre Napoleon nicht gewesen, könnte ich nicht mit Ihnen über dieses Buch hinweg kommunizieren. Ich würde vielleicht gar nicht existieren und die Länder Europas hätten heute andere Namen oder auch nur einen einzigen: Ebenso, wie im vorangegangenen Kapitel beschrieben, werden alle Möglichkeiten realisiert. Napoleon ist die kausale Ursache dafür, dass zur Zeit seiner Feldzüge und in der Zeit danach, annähernd jeder zweite Europäer eines nicht natürlichen Todes gestorben ist, bedingt durch Krieg, Krankheit, Hunger und weiteren schrecklichen Begleiterscheinungen und Folgen von kriegerischen Auseinandersetzungen.

Jedwede Handlung hat Auswirkungen. Die meisten davon können wir, im Gegensatz zu unserem Puppenspieler, nicht überblicken.

Wir sind kausal kurzsichtig.

Der Umstand, dass Sie Ihre Wohnung an einem Tag nur wenige Minuten später als gewöhnlich verlassen, kann in einigen Jahrhunderten dazu führen, dass unser Planet einen ganzen Kontinent an einen Ozean abtreten muss.

Unsinn?

Einstein war ein kausales Ereignis, vielleicht in der Mitte der „Kausalkette", „Wandlung von Materie zu Energie". Diese hat uns bislang die Atombombe und die Kernkraft gebracht. Und diese sind zunächst einmal weder gut noch böse. Kausalketten haben in unserer Realität kein wirkliches Ende, weil sie wie ein Schneeballsystem weitere auslösen und mitgestalten. Kausalketten enden erst am „Ende aller Tage".

Immer noch skeptisch?

540 n. Chr., irgendwo an der schwarzafrikanischen Küste, legt gerade ein römisches Handelsschiff mit Fahrtrichtung Ägypten ab. Der Kapitän hat am Vorabend, entgegen seinen Gewohnheiten, zu viel Wein getrunken und kam erst gegen Mittag zu seinem Schiff, woraufhin dieses verspätet ablegt. Eine Hafenratte, schwer erkrankt und komatös, kommt gehen Mittag noch einmal zu Bewusstsein und sucht sich einen Ort, um zu sterben.

Sie schafft es so gerade noch auf das Schiff. Das Bakterium, welches die Ratte einige Wochen zuvor befallen hat, ist gerade eben mutiert und wird in der späteren Menschheitsgeschichte „Yersinia Pestis" genannt werden. Die Ratte stirbt und dient ihren Artgenossen als Nahrung während der Überfahrt. Menschen erkranken nicht. Das Bakterium hat noch nicht die notwendigen Mutationen zum Übergang auf den Menschen entwickelt.

Im Jahr 541 wird eine Variante der „Yersinia Pestis" zum ersten Mal Menschen in Ägypten (die Justinianische Pest) und später, in anderen Bereichen des Mittelmeerraumes, viele weitere töten. Im 12. und 13. Jahrhundert werden weitere Varianten der Pest beginnen, immer und immer wieder ganze Landstriche in Europa zu veröden.

Als der Kapitän vier Wochen vor seinem „Besäufnis", von Aquileja kommend, im Hafen einläuft, erwischt er eine Ratte und hält diese am Schwanz über eine Feuertonne. „Ach!", sagt er, „Was soll's, du bist eine römische Ratte und sollst leben!", und schleudert sie an Land.

Eine Woche später erkrankt die Ratte und verkriecht sich. Das Schiff, mit dem sie gekommen ist und auf der sie einen Großteil ihres Lebens verbracht hat, in Blickweite.

Was wäre wenn?

Gäbe es Sie?

Gäbe es überhaupt ein „Heute" in der Realität, in der die Ratte dem Feuertod entkommen ist? Wäre die Welt nicht schon vor Jahrhunderten aus den Nähten geplatzt? Wären Kämpfe um Ressourcen nicht schon viele Jahrhunderte früher eingetreten? Und nicht erst beginnend im 20. und jetzt erneut im 21. Jahrhundert?

Leiden ist notwendig (wenn auch nicht erwünscht), um zu Reife und Einsicht zu kommen. „Gute" Erfahrungen haben, im Vergleich zu den „schlimmen", kaum Potential für Entwicklung. In der Tat sind es „schlimme" Erfahrungen, die uns reifen lassen. Eine Änderung unserer Denk- und Verhaltensweisen wird fast immer durch Leiden effizient herbeigeführt. Daraus folgt, dass auch die negativsten Erfahrungen einen Sinn haben und unserer Entwicklung förderlich sind. Ein Leben allein reicht allerdings bei Weitem nicht aus, um alle Erfahrungen zu machen.

Wir können all das nur nicht erkennen, da wir das biologische „Sein" maßlos überbewerten. Es besitzt in unserer Gesellschaft einen Status Quo, der ein Ende (den Tod) oder ein Abweichen von der Norm (der Gesundheit) nicht vorsieht.

Wir Menschen …

- halten uns für unsterblich und gehen davon aus, dass wir alle 100 Jahre alt werden
- gehen davon aus, immer gesund zu sein
- halten uns für unverwundbar
- usw.

Unter der Voraussetzung, dass Sie gerade gesund sind und zu einem anderen gesunden Menschen sprechen, der einige Jahrzehnte jünger ist als Sie es sind: Erzählen Sie diesem einmal, dass die Wahrscheinlichkeit, das 70. Lebensjahr zu erreichen, für Ihren Gesprächspartner um einiges geringer ist als für Sie.

Weiter vorausgesetzt, dieser kann bereits sprechen und weiß, wovon Sie reden: Er oder Sie wird das zunächst nicht verstehen. Achten Sie einmal auf die unmittelbare Reaktion - Da werden Sie Unglauben erkennen.

Natürlich hat das Ganze auch einen Sinn. Der Selbsterhaltungstrieb und unser positiv ausgerichteter Verstand („sterben tun die anderen") halten uns in der Spur und erlauben es uns erst, ein erfahrungsreiches Leben zu führen. Ansonsten würden viele unter uns, mit dem ersten bewussten Gedanken, in eine tiefe Depression fallen.

Diese positive Trimmung erlaubt es uns auch, gefährlichen Hobbies nachzugehen, auf die Autobahn aufzufahren, Sex ohne Kondome zu haben, zu rauchen, als Soldat in ein Gefecht zu ziehen.

Krank und verletzt werden ja immer nur die anderen.

Daraus folgt aber auch, dass all das, was uns davon abhält, an unseren Tod zu denken oder ihn wahrzunehmen, ein wesentlicher und immens wichtiger Faktor ist, der es uns erst ermöglicht, Erfahrungen bis in die Grenzbereiche hinein zu machen.

In Verbindung mit der für uns so typischen Neugier gehen wir so auch in Bereiche (nicht nur geografische), in denen noch nie zuvor ein Mensch gewesen ist.

Irgendwie genial, finden Sie nicht?

Darstellung der Kali, die Göttin des Todes und der Zerstörung, aber auch der Erneuerung

ERWACHT?

„Erleuchtung kannst du nicht erlangen. Sie kommt zu dir, wenn du aufgehört hast zu suchen."

Irina Rauthmann

Es bedarf einer Vielzahl von Inkarnationen, um zu erwachen. Dies muss allerdings nicht zwangsläufig so sein. Sollten Sie jetzt denken, dass es sich bei der Gruppe der Erwachten in erster Linie um Akademiker handelt, dann muss ich Ihnen leider sagen, dass Sie sich irren. Gerade unter dieser Gruppe ist die Anzahl der Materialisten sehr hoch. Das Wissen, welches Mitglieder dieser Gruppe als das eigene ansehen, wird stolz präsentiert, herumgetragen und verteidigt. Unter ihnen ist die Anzahl der Seelen, die sich in der materiellen Welt verstrickt haben, am höchsten. Auf der anderen Seite gibt es aber auch unter den „Gutmenschen" sogenannte „Schläfer", wenn auch nicht sehr viele.

Schläfer sind Menschen, die den Traum des Lebens träumen und voll und ganz im „Hier und Jetzt" verankert sind. Sie haben das „Äußere" (die Illusion) als Ihre Wahrheit angenommen und identifizieren sich mit ihr. Die meisten dieser Schläfer sind dem Egoismus zugetan und werden auch Materialisten genannt (siehe auch Anlage „Stereotypen").

Menschen erwachen in allen sozialen Gruppen und Kreisen, unabhängig von Rasse, Alter, Berufsstand oder Ort.

Wenn ich Sie einladen könnte, mit mir gemeinsam auf die „erste geistige Ebene" (Fußnote) zu gehen, also die Ebene, die der unsrigen Realität am nächsten ist, dann würden wir unsere Realität als ein vibrierendes energetisches Konstrukt wahrnehmen, und wir würden erkennen, dass dieser Umstand auf ausnahmslos alles zutreffend ist. Der Großteil der Menschen, den Sie sehen würden (etwas mehr als 80%), schläft bei dem, was er tut. Diese Menschen unterhalten sich, arbeiten, tun allerlei Dinge, aber sie tun es schlafend. Jetzt bemerken Sie plötzlich einen Menschen, der sich beim Kaffee mit einem anderen Menschen unterhält. Aber dieser hat, im Gegensatz zu seinem Gesprächspartner, seine Augen geöffnet. Er bemerkt Sie ebenfalls, lächelt und wird Sie ansprechen bzw. ist ansprechbar. Wenn dieses geschieht, wird sein schlafender Gesprächspartner nichts davon mitbekommen und weiter „kommunizieren". Für Sie, da Sie ja nun im Gespräch mit seinem vermeintlichen Gesprächspartner sind, spricht der Schläfer zu einem „Geist".

Fußnote – Bezug: DEdjW Kapitel: „Die energetischen Welten"

Nicht alles auf dieser Ebene ist identisch mit unserer Realität, da sie ein Konstrukt eines jeweiligen Geistes ist, basierend auf den jeweiligen Konzepten.

Würden Sie nun zurückkehren und denselben Menschen in unserer Tagesrealität ansprechen, würde dieser zwar glauben, Sie zu kennen,. wiedererkennen wird er Sie aber nicht.

Sie haben auf der ersten geistigen Ebene mit dem Puppenspieler einer entwickelten und erwachten Seele gesprochen, die Ihnen, vom Standpunkt der Entwicklung aus, gleicht (Resonanzgesetz- Fußnote). Hätten Sie dieser Seele in dem Gespräch gesagt, sie solle unbedingt den Film „Hinter dem Horizont" ansehen und hätte dieser Puppenspieler Ihnen zudem noch zugestimmt, dann wäre dieser Film innerhalb der nächsten Wochen, in die Realität dieser Inkarnation eingeflossen und der Mensch hätte diesen Film gesehen.

Fußnote – Bezug: DEdjW Kapitel: „Resonanzgesetz"

Ich kann mir gut vorstellen, dass C. G. Jung (Fußnote) die „erste geistige Ebene" als ein Produkt des menschlichen Kollektivbewusstseins angesehen hätte. Sie erinnern sich? In den energetischen Welten gibt es Bereiche für jedwede Spezies, die sie aufnimmt und sämtliche Informationen, die mit ihr in Verbindung stehen, verarbeitet.

Fußnote: Carl Gustav Jung (* 26. Juli 1875 in Kesswil; † 6. Juni 1961 in Küsnacht) war ein Schweizer Psychiater und Begründer der Analytischen Psychologie. Unter dem folgenden Link finden Sie eine gut geschriebene Kurzbiografie (Stand 07.07.14):
http://www.cgjung.com/index.php?page=biographie

Ein Gespräch mit einem „Schläfer" können Sie sich im Übrigen sparen. Er hört Sie nicht, er sieht Sie nicht, denn er kann Sie schlicht und ergreifend nicht wahrnehmen. Sie können stundenlang auf ihn einreden, da wird nichts passieren.

Versuchen Sie einmal einen Materialisten (Anlage „Stereotypen") davon zu überzeugen, dass es besser für seine spirituelle Entwicklung wäre, ein Dualist zu werden. So ein aussichtsloses Szenario kommt Ihnen bekannt vor? Das dachte ich mir.

*

Am Anfang eines Reinkarnations-Zyklus eines Menschen überwiegen die Handlungen aus der Negativität heraus. Ähnlich einem Tier - Stichwort Nahrungsrivalität und Rudelverhalten - wird der Egoismus überwiegen. Jemanden für Macht, Status und für mehr Nahrung oder Sex zu hintergehen oder sogar umzubringen, ist legitim und je nach Rechtsprechung - möglichweise auch der eigenen - sogar legal. Egoistisches Verhalten wird mit dieser Betrachtungsweise zwar nicht verständlicher, aber durchaus nachvollziehbarer.

Damit die Seele versteht, wie es ist, zu töten oder jemandem etwas wegzunehmen, wird sie in späteren Leben erfahren, wie es ist, das Opfer zu sein, dem genommen oder etwas angetan wird.

Damit sie mitleiden und barmherzig sein kann, muss sie Leid und Schmerz kennen. Und, schließlich, um lieben zu können, muss sie den Hass erfahren haben. Daraus folgt, dass eine altruistische Seele das Ergebnis vieler, eine egoistische Seele das Ergebnis weniger Inkarnationen ist. Sie dürfen das jetzt gerne einen karmischen Prozess nennen, der die Seele zurück zu ihrem Ursprung führt, indem sie ewiges Sein und weiteres Wachstum, einhergehend mit Entwicklung, erfährt.

Ausnahmen bestätigen die Regel. Natürlich gibt es auch Seelenmassen (Fußnote), die eigene oder andere Ziele als den Altruismus verfolgen. Seelen, die Gefallen an der Macht und der Manipulation gefunden haben und versuchen, gewissermaßen, gottgleich zu werden. Das Ende dieser verirrten Seelen ist immer dasselbe und da Einsicht nicht zwingend zu den Eigenschaften einer solchen Seele gehört, finden diese ihr Ende genau in dem, was sie so geliebt haben: Sie gehen zusammen mit dem materiellen Universum unter und werden für ein neues Universum gelöscht. Eine Art Formatierungsprozess, bei dem die „Substanz" der Seele erhalten bleibt, die Information aber gelöscht und formatiert wird.

Fußnote: DEdjW - Auszug aus dem Kapitel: „Reinkarnation und Karma"

Die Seelenmasse

„Bewusstsein ist aufgeteilt in Organisationseinheiten (Seelenmassen). Diese inkarnieren und entwickeln ihre Bewusstseinsanteile durch wiederholte Inkarnationen. Von „toter Materie" über Flora und Fauna bis zu Inkarnationen als Mensch. Das Werkzeug ist die Evolution, die aus dem Feld heraus gesteuert wird. Alle Erfahrungen dieser Inkarnation fließen in die Seelenmasse ein. Nach Beendigung einer menschlichen Inkarnation geht die neu geformte Seele in die energetischen Welten ein und verbleibt dort. Dort sammelt sie weitere Erfahrungen, die wiederum in die Gesamtheit einfließen. Die Masse veranlasst nun auf Basis aller bereits gewonnenen Erfahrungen neue Inkarnationen (eine oder mehrere) aus sich heraus. Diese inkarnieren erstmalig und sind eine karmische Konsequenz aus den Vorinkarnationen ihrer Organisationseinheit. Erinnerungen bei sogenannten Seelenrückführungen sind nicht direkt ihre eigenen, auch wenn sich diese so anfühlen, sondern stammen von ihren Seelenschwestern und -brüdern, die auch Bestandteil von ihnen sind. Jede Seele inkarniert nur einmal und geht dann in die energetischen Welten ein. Das vollzieht sich so lange, bis alle Erfahrungen, die nötig sind, gemacht wurden. Die Seelenmasse als Organisationseinheit könnte auch den Namen „Hohes Selbst", „Ich-Dort" (nach R Monroe) oder Puppenspieler haben."

Viele Religionen nennen dies den „Jüngsten Tag" oder aber das Gericht zur Endzeit. Es hat aber nichts mit einer tatsächlichen Rechtsprechung, so wie wir sie kennen, zu tun, sondern ist schlicht und ergreifend die logische Konsequenz aus dem Verhalten einer Seele sowie ihrer Verstrickung mit allem Vergänglichen.

Der Einzige, der Sie verurteilen oder freisprechen kann, sind Sie selber. Sollte es also rein „gefühlt" so sein, dass es noch „offene Baustellen" in Ihrem Leben gibt (horchen Sie mal in Richtung Bauchgegend), **dann gehen Sie diese an**. Gemeint sind hier, in erster Linie, Vorgänge, die Sie bereuen, als nicht „richtig" empfinden oder die sich „schlecht" anfühlen, aber auch Umstände, die Sie ängstigen (Fußnote).

Fußnote - Bezug: DEdjE – Kapitel: „Die Angst und andere Gefühle"

Das hilft Ihnen jetzt nicht wirklich weiter?

Dann versetzen Sie sich jetzt einmal in folgende Situation:

Irgendwann in der Zukunft. Sie liegen in Ihrem Sterbebett und werden zusehends schwächer. Erschrocken mussten Sie bereits zum zweiten Mal feststellen, dass Ihr Herz anfängt unregelmäßig zu schlagen. Sie können kaum noch Ihre Augen offen halten. Sie sterben. Falls Sie zeitlebens Ihren Tod geleugnet haben und zur Gruppe der Materialisten gehören, dann kommt jetzt der schlimmste Teil Ihrer Existenz. Todesqualen und Ängste werden sich nun einstellen und nicht selten ist zu beobachten, dass jene Menschen, die Zeit ihres Lebens alles Spirituelle als Unsinn abgetan haben, nun beginnen, an so etwas wie eine „Hölle" zu glauben.

Sterbehelfer kennen das.

Sollte es hierbei jetzt Umstände geben, die Sie besonders ängstigen und zur Annahme führen, dass Sie für das, was Sie getan haben, in Kürze bestraft werden könnten, dann haben Sie Ihre „Baustelle" entdeckt.

Jedwede Tat oder Unterlassung im Leben ist auf eine Motivation zurückzuführen und diese sind das Resultat von Charaktereigenschaften. Diese Eigenschaften sind es, die wir suchen. Gibt es da vielleicht welche bei Ihnen, die „verbesserungswürdig" wären? Eigenschaften, die Ihnen selbst nicht an Ihnen gefallen?

Gehen Sie diese Herausforderung an. So etwas wie eine Hölle gibt es nicht. Sie ist eine Illusion, die von denen, die sich in ihr festgesetzt haben, selbst erschaffen und aufrechterhalten wird. Natürlich können Sie genau das einem Sterbenden sagen, helfen wird es ihm aber nicht.

Charaktereigenschaften können sich ändern, aber das benötigt Zeit. Erst ist da das Erwachen durch Erkenntnis mit der einen Frage, dann beginnt die Suche. Gefolgt von weiteren Erkenntnissen, kommt es zu Einsichten und diese führen zu spiritueller Reife und Wahrnehmungsfähigkeit. Dieser Prozess verändert einen Menschen nachhaltig und führt ihn zum Ursprung zurück. Mir wurde heute von einer hellsichtigen Frau gesagt, dass mein Prozess bereits vor sieben Jahren begann und in zwei Jahren vollendet sein wird.

Was das für eine Dame war, möchten Sie wissen? Nur so viel, ich habe einen Menschen, den ich jetzt noch mehr schätze als zuvor, darum gebeten, in mein Innerstes, auf meine „Lebenslinie" zu schauen. Denn Eigenwahrnehmung und Fremdwahrnehmung müssen nicht zwangsläufig identisch sein.

*

Wenn ich erkenne, dass mein Herz nicht mehr schlägt und ich nicht mehr atme, - und ich hoffe, dass ich es erkennen möge -, werde ich nach Hause gehen (Kapitel: „Der Tod des Karl").

Was heißt das für mich, in aller Konsequenz? Solange ich noch atme und mein Herz noch schlägt, habe ich auch noch eine (Lebens-)Aufgabe zu erfüllen und es gibt noch Raum und Möglichkeiten für weitere Erkenntnisse und Entwicklung. So etwas wie, „auf dem Erreichten ausruhen" gibt es nicht und ist für die Seele eher destruktiv. Sicher, immer Vollgas geben funktioniert auch nicht. Eine etwas ruhigere oder angenehmere Inkarnation zwischendurch als Belohnung ist durchaus vorstellbar. Ein Leben ohne große Spitzen nach oben oder nach unten, eine Inkarnation während der man sagen kann:

„Hey guys, life is good! Isn't it?".

Warum auch nicht? Und so ist es auch denkbar, dass es eine Vielzahl von Menschen unter uns gibt, die ihren Zyklus schon lange beendet haben und eigentlich weiterziehen könnten und doch bleiben sie und suchen weiter die Herausforderung „Mensch zu sein". Mal nur als unscheinbare Beobachter eines besonderen Abschnittes der Menschheitsgeschichte, mal um Freunden zu helfen, ein anderes Mal, um ein Popstar oder Superathlet zu werden.

Viele bleiben aber einfach nur, um ihren Brüdern und Schwestern zu helfen, die noch mit der Materie kämpfen, noch in ihr gefangen sind.

Alles ist möglich und begrenzen können wir uns eigentlich nur selber.

ELIAS

Eine Kurzgeschichte von Biggi Weber

Elias lebt mit Frauke in einer abseits gelegenen Hütte in den Bergen. Jeden Tag fahren sie hinunter in die Stadt, um dort ihrer Arbeit nachzugehen. Elias arbeitet als Verkäufer in einem großen Supermarkt und Frauke als Krankenschwester im örtlichen Krankenhaus.

Elias ist schon viele Jahre unzufrieden mit sich und seinem Leben. Immer hat er das Gefühl, ein Außenseiter zu sein. Nie ist er richtig glücklich. Sicher, das Leben mit Frauke ist eigentlich schön. Sie passen gut zueinander, haben gemeinsame Hobbies und hin und wieder lachen sie auch zusammen. Sie haben keine Geldsorgen und wohnen in einer absoluten Idylle.

Auch bei der Arbeit ist eigentlich alles in Ordnung. Elias ist mit einigen Kollegen eng befreundet, mit den anderen versteht er sich auch gut. Über seinen Chef ärgert er sich zwar gelegentlich, aber im Großen und Ganzen macht ihm die Arbeit mit den Kunden Spaß.

Dennoch spürt Elias eine große Sehnsucht in sich. In seinem tiefen Innern hat er ständig das Gefühl, dass etwas fehlt. Oft ist er einfach schlecht gelaunt oder von einer Unruhe getrieben. Er kann es sich dann selbst nicht erklären, warum er jeden anmeckert und ihm alles auf die Nerven geht.

An einem Sonntag im Frühling legt sich Elias zornig hinter seiner Holzhütte ins Gras. Er hat sich gerade mal wieder mit Frauke wegen irgendeiner Kleinigkeit gestritten. Er weiß nicht einmal mehr, was der Auslöser dazu war. Trotzdem schlägt ihm noch immer das Herz bis zum Hals und er schnaubt vor Wut.

Er schließt seine Augen und versucht, tief ein- und auszuatmen. Immer wieder holt er ganz tief Luft und kämpft gegen seine Tränen an. ‚So ein Mist', denkt er sich, „was war denn das schon wieder? Die Sonne scheint, der Himmel zeigt sein schönstes Blau, die Vögel zwitschern und ich muss mich mit Frauke streiten.

Was ist nur mit mir los? Ich bin so unzufrieden mit mir und meinem Leben. Niemand kann es mir recht machen. Immer habe ich an allem etwas auszusetzen. Was ist das, was mich ständig so unglücklich macht? Wieso fühle ich mich so unendlich einsam, obwohl ich so viele liebe Menschen um mich habe?

Elias grübelt und grübelt. Aber er findet keine Antworten auf all seine Fragen.

Einige Zeit später beruhigt er sich etwas. Dabei gleitet er ganz sanft in eine Art Dämmerzustand. Er schläft nicht richtig ein, sondern hört noch immer die Vögel zwitschern, spürt das Gras an seinem Rücken und riecht den Duft der Kräuter und Blumen um ihn herum.

Dennoch kann er sich nicht mehr bewegen und auch seine Augen lassen sich nicht öffnen. Er bekommt ein beklemmendes Gefühl. „Was ist denn nun los? Hilfe, ich kann mich nicht bewegen", schießt es ihm durch den Kopf.

Er versucht zu schreien, doch auch dies gelingt ihm nicht. Elias verfällt in Panik. Plötzlich sieht er ganz weit von sich entfernt einen kleinen hellen Fleck. Dieser kommt immer näher auf ihn zu und wird dabei immer größer. Je näher der Fleck kommt, desto heller wird er.

Elias hat panische Angst. Noch immer versucht er verzweifelt, die Augen zu öffnen oder sich zu bewegen. Doch er liegt starr und regungslos da. Nun ist Elias ganz in ein helles Licht gehüllt. Er hört seinen Namen. ‚Wer bist Du? Was willst Du von mir?' denkt Elias ängstlich.

„Habe keine Angst vor mir", erwidert die Stimme aus dem Licht. „Ich bin Du. Ich bin Dein höheres Selbst. Du suchst schon so lange nach mir, dabei war ich immer bei Dir. Ich habe oft versucht, zu Dir durchzudringen, wenn Du so verzweifelt gegen Dich selbst gekämpft hast. Aber Du hast mich nie gehört. Darum musste ich nun diesen Weg wählen, um Dich endlich zu erreichen."

Elias ist fassungslos. „Was ist denn mein höheres Selbst? Davon habe ich noch nie gehört." Die Stimme antwortet mit ruhigem Ton: „Das höhere Selbst ist Dein wahres ICH. Die Seele, die Deinen Körper für diese Inkarnation ausgewählt hat und die alle Leben vor diesem und nach diesem Leben überdauern wird."

Elias denkt sich ungläubig: ‚Wieso weiß ich dann nichts davon, dass so eine Seele in meinem Körper wohnt?' Die Stimme antwortet: „Du selbst hast damals entschieden, dass Du dieses Leben ohne das gesamte Wissen leben möchtest. Du wolltest Erfahrungen sammeln, ohne von mir beeinflusst zu werden. Ein Großteil aller Menschen lebt in diesem Zustand des „nicht-Wissens". Erst mit dem irdischen Tod, wenn die Seelen den Körper verlassen, ist es den meisten Menschen wieder bewusst, wer sie wirklich sind."

Elias ist verwirrt. „Wieso meldest Du dich jetzt bei mir? Bin ich gestorben?" „Nein", antwortet die Stimme „Ich habe mich Dir gezeigt, weil Du ständig

Sehnsucht nach mir hast. Es ist Deine Lebensaufgabe, mich zu finden. Nun kannst Du Dich immer an mich wenden, wenn Du etwas wissen willst, nicht weiter weißt oder Hilfe brauchst. Ich bin für Dich da, bis an dein Lebensende."

‚Das ist doch sicher nur ein Traum?' denkt Elias. „Wirst Du auch noch da sein wenn ich wieder aufwache?" „Ja", antwortet die Stimme. „Du bist zwar jetzt in einer Art Trancezustand, aber es ist die Realität, die Du gerade erlebst.

Ich werde auch weiter für Dich da sein, wenn Du in Deinen Alltag zurückkehrst.

Wenn ein Kind einmal in seinem Leben erkannt hat, dass der Nikolaus sein Onkel ist, dann wird es nie wieder in den Zustand der Unwissenheit zurückkehren können.

So kann auch niemand, der einmal hinter den Vorhang des Vergessens geblickt hat, wieder zurück in den alten Zustand gelangen. Wir werden nun Deinen Lebensweg gemeinsam gehen."

In diesem Moment bemerkt Elias, dass er sich wieder bewegen kann. Er öffnet seine Augen und schaut sich fragend um. Noch immer liegt er auf der Wiese und die Sonne scheint. Traurig schüttelt er den Kopf und denkt: ‚Schade, das war wohl doch nur ein schöner Traum.'. „Nein", antwortet ihm sein höheres Selbst. „Ich bin noch da, wie ich es Dir versprochen habe."

Da springt Elias mit einem Satz auf. Er rennt zur Hütte und nimmt Frauke glücklich in die Arme. „Ab jetzt wird alles gut, mein Schatz", verkündet er strahlend.

(…)

ACHTSAMKEIT

Eine Kurzgeschichte von Biggi Weber

Nepomuk, ein grau-weißes Wildkaninchen, lebt alleine in der Olymp-Region an der Ostküste Griechenlands.

Er hat sich von seiner Gruppe getrennt, damit er endlich tun und lassen kann, was er will.

Ständig ist er auf der Suche nach neuen Abenteuern. Vor einigen Tagen hat er ein Wettrennen mit einem Fuchs gewonnen. Davor hat er einen Greifvogel solange geärgert, bis dieser in fast ergriffen hätte. Auch mit einem Marder hat er sich schon angelegt.

Wenn er wieder einmal knapp einem Raubtier entwichen ist, verkriecht er sich anschließend in seiner Erdhöhle und schläft dann vor Erschöpfung tief und fest.

Sobald die Dämmerung beginnt, wird er aufs Neue aktiv. Er verlässt den Bau und frisst zunächst einige Kräuter, Knospen und junge Wurzeln. Beim Fressen überlegt er sich schon, wohin er als nächstes laufen könnte. Anschließend macht er sich sofort auf die Suche nach der nächsten Herausforderung.

Heute zieht es ihn in die Nähe des Berges Olymp. Er hat von Angehörigen seiner Gruppe gehört, dass es dort besonders viele Raubtiere geben soll. Während er möglichst vorsichtig durch das Unterholz schlüpft, entdeckt er eine große, fette Wildkatze, die angestrengt die Nase in die Luft streckt, um eventuelle Beute zu erschnüffeln.

Schon hat sie Nepomuk entdeckt. Während sich die Katze langsam in seine Richtung dreht, um ihn zu jagen, rennt Nepomuk schon in Windeseile los und versteckt sich in einem dichten Gebüsch. Die Katze ist ihm auf den Fersen und macht einen großen Satz in seine Richtung. Kurz vor dem Gebüsch stoppt sie und legt sich auf die Lauer. Nepomuk krabbelt langsam rückwärts und versucht, möglichst keinen Laut von sich zu geben. Dabei hat er die große Katze ständig im Blick. Doch beim nächsten Schritt knarren kleine Äste unter seinen Füßen und schon setzt die Katze wieder zum Sprung an.

Nepomuk rennt um sein Leben. Plötzlich stößt er gegen einen harten Gegenstand und er fällt zur Seite. „Mist, das war's", schießt es ihm durch den Kopf, „nun wird mich die Katze genüsslich verspeisen." Nepomuk schließt fest seine Augen und wartet auf die scharfen Krallen und Zähne der Wildkatze.

Zu seiner Verwunderung geschieht aber nichts dergleichen. Nach einigen Sekunden öffnet er langsam wieder seine Augen. Neben ihm steht eine ausgewachsene Schildkröte. Er blickt sich ängstlich um, aber die Katze ist nicht zu sehen.

„Hey, was ist los mit Dir?", fragt die Schildkröte neugierig. „Ähm, hast Du die große Wildkatze gesehen, die hinter mir her ist?", stottert Nepomuk etwas unsicher. „Ach die, die ist wieder abgezogen, als sie mich gesehen hat. Die weiß, dass sie sich an meinem Panzer die Zähne ausbeißt."

Dann dreht sich die Schildkröte ganz gemütlich um und bewegt sich langsam in die andere Richtung. „Hast Du Lust, mit mir zu kommen? Ich könnte etwas Unterhaltung vertragen", erkundigt sich die Schildkröte, während sie gemächlich davon trottet. „Hm, eigentlich bist Du mir viel zu langsam", entgegnet Nepomuk „aber für heute habe ich genug Herzrasen. Daher werde ich Dich ein Stück begleiten."

„Wunderbar", freut sich die Schildkröte „mein Name ist Walburga und wie darf ich Dich nennen?" „Ich bin Nepomuk. Kannst Du nicht etwas schneller gehen, mir schlafen ja die Füße ein", nörgelt Nepomuk ungeduldig.

„Wieso hast Du es denn so eilig?", erkundigt sich Walburga. „Nun, das Leben ist kurz und ich will noch so viele Abenteuer wie möglich erleben, bevor ich zum Beispiel von einer Wildkatze gefressen werde", antwortet Nepomuk. Walburga sieht ihn eine ganze Weile fragend an, während sie bedächtig neben ihm weitergeht.

„Warum starrst Du mich ununterbrochen an?", fragt Nepomuk genervt. Walburga schüttelt langsam den Kopf und sagt: „Ich verstehe Deine Antwort nicht. Wieso willst Du viele Abenteuer erleben? Lebe doch einfach, dann ist es doch egal, wie alt du wirst."

Nun ist es Nepomuk, der ungläubig in Walburgas Richtung schaut. „Wie meinst Du das? Lebe einfach? Soll ich etwa wie Du durch die Gegend schleichen und vor Langeweile sterben?"

Walburga lächelt mild und entgegnet: „Wer sagt denn, dass ich vor Langeweile sterbe? Ich genieße jeden Schritt, den meine Füße machen. Mir schmeckt jedes kleine Blatt, das ich fresse. Ich bin immer im Hier und Jetzt. Wenn ich schlafe, dann schlafe ich, wenn ich gehe, dann gehe ich, wenn ich fresse, dann fresse ich und wenn ich stehe, dann stehe ich. So genieße ich jeden Augenblick und die Zeit steht quasi still. Es ist mir egal, wann ich sterben muss, denn ich habe in jedem Augenblick genug gelebt."

„Aber das macht doch keinen Spaß", erwidert Nepomuk, „in Deinem Leben passiert dann ja überhaupt nichts. Du kennst nicht das Verlangen nach Herausforderungen, den Stolz, wenn du gewonnen hast, das Herzklopfen vor Angst. Du bist ja quasi schon tot."

Walburga geht eine ganze Weile schweigend weiter. Nepomuk wird ganz zappelig an ihrer Seite. Ihn treibt schon wieder die Ungeduld.

Dann beginnt Walburga: „Lass es uns einige Zeit ausprobieren. Mach mir alles nach, was ich dir vormache, und wenn Du anschließend noch immer voller Unruhe bist, dann renne einfach wieder los."

Zuerst will Nepomuk dankend ablehnen, aber dann packt ihn doch die Neugierde. „Nun gut, was soll ich tun?", fragt er. Walburga steht vor einigen leckeren Löwenzahnblüten und antwortet: „Nimm von diesem Löwenzahn zuerst ein Blatt in Dein Maul und kaue langsam darauf herum. Dann sage mir, wie es schmeckt, wie es sich anfühlt und welche Gefühle es in dir weckt."

Nepomuk lächelt geduldig, knabbert kopfschüttelnd an einem Blatt und will es schon hungrig schlucken, als Walburga ihn stoppt. „Was schmeckst Du?" Nepomuk kaut weiter und überlegt kurz. „Das schmeckt ein bisschen bitter und herb, aber auch frisch und saftig." Walburga löchert weiter: „Wie fühlt es sich an?" Nepomuk kaut weiter: „Es ist angenehm kühl und feucht." Walburga strahlt ihn jetzt förmlich an: „Und was empfindest Du?"

Auch Nepomuk beginnt jetzt zu lachen: „Wenn Du mich so fragst: Das erinnert mich an die Zeit außerhalb der Erdhöhle meiner Familie, als ich das erste Mal dieses köstliche Kraut gefressen habe. Ich bin absolut glücklich und mein Hunger lässt langsam nach, obwohl ich kaum etwas gefressen habe."

Walburga erwidert: „Das liegt am langsamen Fressen. Dein Körper nimmt einen Teil der Nährstoffe schon im Maul auf und dein Speichel verdaut bereits einen Teil der Nahrung. Dadurch wirst du schneller satt, als wenn du alles hinunterschlingst."

„Das ist ja seltsam", meint Nepomuk „so habe ich noch nie gefressen. Aber es ist sehr entspannend und schmeckt auch viel besser." Schon hat er das nächste Blatt im Maul und das Ritual beginnt von vorne.

Nachdem die beiden sich genüsslich satt gefressen haben, gehen sie langsam weiter. Da Nepomuk vom Fressen träge geworden ist, stört es ihn auch nicht mehr, dass sie wieder sehr langsam schleichen.

Er hängt seinen Gedanken nach und überlegt, was er demnächst noch alles erleben könnte. Mitten in seine Gedanken mischt sich Walburga ein: „Woran denkst Du?" Nepomuk zuckt ein wenig zusammen, dann beginnt er von seinen Gedanken zu erzählen. Walburga unterbricht ihn nach kurzer Zeit und meint dann: „Versuche Dich doch einmal ganz auf das Gehen zu konzentrieren. Setze deine Füße bewusst langsam auf und denke an nichts anderes als das Gehen."

Da Nepomuk beim Fressen schon so wunderbare Gefühle hatte, folgt er dem Rat seiner neuen Freundin gerne. Er konzentriert sich auf seine Beine und setzt Fuß für Fuß langsam und ganz bewusst auf. Alle anderen Gedanken verfliegen und er spürt zunehmend eine noch nie dagewesene Leichtigkeit und Ruhe. Um ihn herum scheinen sich Raum und Zeit aufzulösen. Er ist völlig unbeschwert und ein Lächeln erfüllt sein ganzes Gesicht.

„Das ist so wunderbar", schwärmt er, „ich möchte diesen Zustand nie wieder verlassen." „Nun", antwortet Walburga „Das ist das Leben im Hier und Jetzt, von dem ich Dir erzählt habe. Dies kannst Du jetzt jeden Tag etwas mehr üben. Dann wirst du Dein Leben auch ohne Abenteuer und wilde Hetzjagden genießen können. Egal, wie lange Du nun noch leben wirst, Du wirst bewusst und zufrieden gelebt haben."

GEOMETRIE

Die Unwahrheit, die halbe Wahrheit, die Wahrheit.

In der Neuzeit frei ins Englische übersetzt:

„Universe / Universum"

Künstler: Sengai Gibon (jap. 仙厓 義梵; * 1750; † 1837) war ein japanischer Mönch der Rinzai-shū.

ZEITREISEN

„Es gibt Wichtigeres im Leben, als beständig dessen Geschwindigkeit zu erhöhen."

Mahatma Ghandi

Sind Zeitreisen möglich?

Natürlich!

Mit dem Eintreten in eine Inkarnation geht es los und Ihre ganz persönliche Reise durch die Zeit beginnt. Sie beginnt in der Wiege und endet auf der Bahre.

Sie ist immer linear und folgt einem Zeitpfeil, einer vorgegebenen Richtung, welche Entwicklung und somit Erfahrung überhaupt erst möglich macht. Auf diese Weise reisen wir, mit Hilfe der Reinkarnationstechnik, durch Epochen, die aus unserer „jetzigen" Sicht in der Vergangenheit oder in der Zukunft liegen.

Sie erinnern sich sicher noch an das „Gebilde" einer Multiplizität, welches ich Ihnen im Kapitel „Erwacht" vorgestellt habe. Unsere Reise beginnt immer unten und führt uns (immer) nach oben, der Zeitachse folgend.

Ein Wechsel nach rechts und links, in Richtung Zukunft gesehen, ist möglich. Eine Rückwärtsbewegung in das, was wir Vergangenheit nennen, ist ausgeschlossen.

Folgende Anhaltspunkte sprechen für diese Annahme:

1. Es gibt viel zu viele Grausamkeiten und Ungerechtigkeiten in unserer Geschichte. Inkarnierte Seelen wären versucht, Geschehenes ungeschehen zu machen. Menschen neigen dazu, fast alles für ihren persönlichen Vorteil zu tun. Die Erinnerung an das was geschehen ist, wäre mit der Beseitigung des Geschehenen (also der Löschung der Informationen) für ausnahmslos alle erloschen. Das wäre in etwa so, als würden Sie mein Buch lesen und Sie

geben mir anschließend die Rückmeldung, dass dieses Kapitel („Zeitreisen") sehr schwierig zu verstehen und abstrakt ist. Ich gehe dann in der Zeit zurück und lösche genau dieses Kapitel. Folglich würde es also nicht mehr existieren (tut es aber noch, oder?) Nun, wie auch immer, wenn es etwas in diesem Universum gibt, das nicht verloren geht, dann ist es Information.

2. Zeitreisende (Menschen aus der Zukunft) wären mitten unter uns und würden auffallen. Denn, jede Zeit hat ihre eigenen Gesetze und Regeln. Was glauben Sie: Wie gut würden Sie sich im alten Ägypten zurechtfinden oder im Frankreich zur Zeit der Revolution? Auch wenn Sie fließend Französisch sprechen, wäre es anders als das Französisch im 19. Jahrhundert, ganz zu schweigen von den Verhaltensregeln.

Und da der Mensch nun einmal Fehler macht (das will das Gesetz der Wahrscheinlichkeit), würden Sie früher oder später auffallen. Insbesondere in einer globalen Welt, in der wir alle auch technisch miteinander vernetzt sind und weltweite Nachrichten im Sekundentakt auflaufen. Was uns wiederum zu Punkt drei führt:

3. Das Internet. Es gibt tatsächlich eine Studie, die mit Onlinesuchmaschinen nach Zeitreisenden sucht. Reisende aus der Zukunft würden Wissen „mitbringen" und somit - wenn Zeitreisen möglich wären - müsste es irgendwann auch in diesem Bereich zu Auffälligkeiten kommen, bei der Wissen über ein spezielles Ereignis „vor" dessen dokumentierten Entdeckung auftaucht. Mit jeder Sekunde wächst die Informationsdichte im Internet. Gefunden wurde bislang nichts Ungewöhnliches (Fußnote).

Fußnote: Die Studie läuft noch. Quelle: DER SPIEGEL vom 02.01.2014: Spuren aus der Zukunft: US-Forscher suchen Zeitreisende im Netz, Stand: 06.07.14

Aus einer laufenden Inkarnation heraus beliebig in die Vergangenheit oder Zukunft zu reisen ist also weder vorgesehen noch möglich. Ausgenommen sind hier natürlich Techniken, die es ermöglichen, lange Zeiträume in einer Art Stasis (Kälteschlaf) zu überbrücken.

Falls das eines Tages möglich wäre, wird Ihr „Geist" sich während der Stasis in den energetischen Welten befinden und die Verbindung zu seinem Körper aufrecht erhalten müssen. Ähnlich den Schlafphasen kehrt die Seele mit dem Erwachen (Auftauen) des Körpers wieder in den Körper zurück.

Das wäre dann ähnlich dem „Beamen", welches ich bereits in DEdjW beschrieben habe.

Gänzlich ausschließen möchte ich Zeitreisen jedoch nicht und so ist folgende Annahme durchaus denkbar.

Sie sind in einer Simulation und sind gerade in der Epoche angekommen und *lesen diese Zeilen*. Sie halten kurz inne. - (…) - .Alle Erinnerungen sind da und die Illusion „Ihrer Vergangenheit" ist perfekt.

Erinnerungen an vergangene Ereignisse sind reine Information und lassen sich wie alles programmieren. Sie haben keinerlei Möglichkeit - sollten Sie sich in einer Simulation befinden - zu überprüfen, dass Ihre Erinnerungen „künstlich" sind, da diese Erlebnisse auch mit all dem, was Sie erleben, korrespondieren (Fußnote). Filme wie „Total Recall" basieren auf dieser Annahme.

Fußnote – Bezug: DEdjW Kapitel: „Matrix, künstliche Intelligenz und die Eroberung des Weltraums".

*

Aufgrund der vielen Implikationen von Zeitreisen innerhalb unserer Realität, halte ich diese für sehr unwahrscheinlich, denn Sie widersprechen einer Planung und zielgerichteten Entwicklung aus den energetischen Welten heraus, welche wiederum in der Ewigkeit existieren. Dort, wo alle „Zeiten" gleichzeitig wahrgenommen werden, macht das Wort „Zeitreise" keinen Sinn. Es sei denn, Sie haben bereits einige Erfahrungen in unserer kausalen Realität gemacht und verstehen darunter die Reise einer Inkarnation durch die Zeit (Geburt –> Tod).

Sicher gibt es auch „Erfahrungsrealitäten", die ich mir gar nicht vorstellen kann. In denen es so etwas wie Kausalität und Zeit überhaupt nicht gibt. Mit Wesen, die einer möglichen Existenz von logisch getriebenen Wesen, wie wir es sind, fassungslos gegenüberstehen würden.

Und letzten Endes stellt sich mir die Frage nach der Möglichkeit für Zeitreisen erst gar nicht. In unserer wahren Form können wir alles das erfahren, was wir erfahren wollen, wann und wo auch immer.

VON DEN GÖTTERN, DIE VON DEN STERNEN KAMEN

Wie viele Götter oder verschiedene Versionen des einen Gottes kennen Sie?

Ich habe diese Frage einmal recherchiert, konnte aber keine konkrete Zahl ausmachen. Es werden wohl etwas mehr als 3000 insgesamt sein.

Interessant in diesem Zusammenhang ist eine Argumentationskette aus der „Prä-Astronautik". Diese beschreibt die Götter als Außerirdische, die uns weit überlegen waren, oft anders aussahen als wir - aber auch Ähnlichkeiten aufwiesen -, uns mit Wissen versorgten - oder uns gar erschaffen haben - und von uns im Gegenzug, Anbetung und Unterwerfung verlangten.

Zurzeit laufen gleich mehrere Dokumentationen zum Thema sehr erfolgreich im Fernsehen. Es fällt uns Menschen in der westlichen Kultur um einiges leichter, Außerirdische für unser Sein, unsere technische Entwicklung sowie unser „Wohl und Wehe" verantwortlich zu machen, als auch nur einen Gedanken daran zu verschwenden, dass es eine spirituelle kausale Ursache für all das geben könnte.

Natürlich gibt es sie, die nicht Irdischen. Das Universum ist voll mit bewussten, sich entwickelnden Leben, wie ich bereits in meinem ersten Buch DEdjW dargelegt habe. Allerdings nicht in materieller Form; diese stellt nur einen Zwischenzustand dar.

Materielle Körper sind endlich, werden krank, sind verletzlich und sterben. Sie benötigen Unmengen Energie, um auch nur in die Nähe der Lichtgeschwindigkeit zu kommen. Mehr Energie, als im gesamten bekannten, sichtbaren Universum zur Verfügung steht - alles sehr unvorteilhaft.

Es gibt gute Gründe, warum Außerirdische nicht die kausale Ursache von intelligentem Leben auf unserem Planeten sein können, aber zwei stechen besonders hervor:

1. Eine solche Annahme würde das philosophische Ur-Problem - Wie entsteht bewusstes Leben? - nur auf einen anderen Planeten oder in ein anderes System verlagern.
2. Wenn es einer Spezies erlaubt wäre (so wie wir eine sind) ihr „Habitat" zu verlassen, um andere, sich entwickelnde Formen heimzusuchen, dann würde dieses zur universalen Vernichtung und Verdrängung von bewussten Leben führen. Da wir aber als Spätzünder in unserer Galaxie selber noch existieren, muss es eine Ordnung neben der Lichtgeschwindigkeit geben, die genau das verhindert.

Unser Universum begünstigt Leben, auch wenn sich das aufgrund des allumfassenden Vakuums paradox anhört. Eigentlich ist es kein wirkliches Vakuum, da in einem Kubikmeter „Weltraum" dieselbe Energiemenge vorhanden ist wie in einem Glas Wasser. Genug, um all unsere Ozeane zum Kochen zu bringen - $E=MC^2$ (~Die Austauschbarkeit von Materie und Energie).

Vieles, was heute durch Außerirdische manchmal einhergehend mit Verschwörungstheorien zu erklären versucht wird, lässt sich mindestens genauso schlüssig durch eine globale Intelligenz, verknüpft mit universal gültigen Gesetzmäßigkeiten, eingebettet in ein allumfassendes und integrierendes göttliches Feld, erklären.

Insbesondere „nicht irdisches Bewusstsein".

*

Die Sichtungen von UFOs sind zu 90% rational erklärbar (Wetterphänomene/Militär/etc.). 1 Prozent sind, sehr wahrscheinlich, tatsächlich Außerirdische, die (aus einer nicht materiellen Dimension heraus), Effekte und Phänomene erzeugen, die unseren Konzepten (Fußnote) von UFOs entsprechen.

Fußnote – Bezug: DEdjW Kapitel: „Die Wahrnehmung unserer Realität"

Einige Vorgänge sind aber durchaus ernsterer Natur und nicht derart einfach erklärbar: „Entführungen" (diejenigen, die keine „Wunschphantasien" sind) zum Beispiel oder das spurlose Verschwinden von Menschen und Tieren. Das Sehen von menschenähnlichen Wesen und von merkwürdigen Objekten.

Auch dies sind Auswirkungen des allumfassenden Feldes, zu dem auch unsere Realität und die energetischen Welten der Erde gehören. Es umfasst aber noch unzählige andere Welten und Realitäten. Manchmal kommt es zu Überlappungen oder Überschneidungen, und wir sehen Dinge aus anderen Realitäten oder aber es verhält sich genau umgekehrt, und wir werden zum Entsetzen der Bewohner einer anderen Realität, „gesehen". Auch ist es nicht unmöglich, dass Dinge aus unserer Realität verschwinden oder aber aus dem „Nichts" bei uns auftauchen. Solche Begebenheiten, oft aus spiritistischen Sitzungen, sind bekannt und dokumentiert. Allerdings sind neun von zehn Vorkommnissen gefälscht und machen es schwierig, die Spreu vom Weizen zu trennen. Aber es gibt sie. Forschen Sie nach Vorkommnissen, die trotz vielfältiger Bemühungen nicht als „Trick" entlarvt werden konnten. Oft findet sich der Hinweis, man werde schon noch dahinter kommen - irgendwann.

*

Auch ist es denkbar, dass sich „nicht irdisches Bewusstsein" - falls sie überhaupt Interesse an uns unterentwickelten Seelen haben - mitten unter uns aufhält und uns studiert.

*

Es gibt noch einen weiteren Grund, warum ich mir nur schwerlich vorstellen kann, dass es da draußen Spezies gibt, die uns vernichten, unterjochen oder versklaven wollen.

Alles, was ist, ist Gott - Alles, was ist, war und immer sein wird. Es gibt nur ein einziges allumfassendes Bewusstsein, welches wir Gott nennen. Wir und jedwede andere Entität in dieser Realität, in diesem Universum und in allen anderen, sind ein Teil des Ganzen und sind gleichzeitig zusammen „die Einheit", die wir Gott nennen. Gott ist also die Einheit und gleichzeitig die Vielheit. Für alle von uns gelten demnach ausnahmslos dieselben Regeln. Einige Regeln kennen wir: Altruismus bringt dich weiter. Der Egoismus nicht. Vernichten oder manipulieren anderer Schöpfungen bringt eine uns fremde Spezies nicht weiter auf ihrem Weg zurück zum Ursprung.

Diese Gesetzmäßigkeiten sind universal gültig und enden oder beginnen nicht vor unserer „Haustür" im Kosmos.

*

Aber wenn all diese Götter keine Aliens waren oder sind und es nur einen einzigen und wahren Gott gibt, der zudem noch allumfassend, barmherzig und voller Liebe für ausnahmslos jedes seiner Geschöpfe ist, wer oder was sind dann all diese Götter?

All die Wesen, auch jene, die sich Gott oder Götter nennen, möge ihr Handeln auch altruistisch und zielführend (zurück zum Vater) sein, sind doch nur untergeordnete Wesen. Es handelt sich hierbei *entweder* um Seelen, die „weiter entwickelt" sind, die aber, wie Sie und ich auch, innerhalb von „Allem, was ist" existieren *oder* aber um Elementale (Fußnote), die wir durch unser Handeln, Denken und durch unseren Glauben erst erschaffen und die so lange existieren wie Menschen über Überzeugung an sie glauben. Elementale sind seelenlos und werden ausschließlich durch Überzeugungen (auch Glaube) oder Süchte erschaffen und am „Leben" erhalten. Auch die Menschheit als Gesamtheit bildet so einen Elemental aus. War dieses Wesen, vor tausend Jahren, noch ein durchaus liebevolles Wesen, stellt es heute ein gieriges, egoistisches Monster dar.

Wir sind beseelte Wesen, Fraktale des Einen, des Allumfassenden. Es ist dieses Teil des Ganzen, welches wir auch den Gottesfunken nennen (Atman, das Selbst, Seele), durch den alles in die Existenz gebracht wird.

Wir , das jeweilige Selbst, **erschaffen** durch unsere Intuition und oder unserer Vorstellungskraft (1. Schritt), unter Zuhilfenahme des Verstandes (2. Schritt) und schließlich der Willenskraft (3. Schritt).

> Ich verstehe die Intuition als Anbindung zu den energetischen Welten mit denen wir ständig interagieren. Die Intuition ist ein Kanal durch den wir Eingaben und Ideen erfahren. Sie dient, unter anderen, unserem Puppenspieler um mit uns zu interagieren (aber nicht nur – siehe auch DEdjW – Kapitel „Der freie Wille und der Sinn des Ganzen").

Schöpfung kommt von erschaffen. Und so erschaffen wir nicht nur unsere Umgebung und andere Realitäten, sondern eben auch Elementale.

Fußnote: Auszug aus DEdjW: "Elementale, die Kraft der Gedanken":

„Mit jedem positiven Gedanken, sich selbst betreffend, schützen Sie sich. Mit jedem negativ ausgerichteten Gedanken öffnen Sie sich und legen Rezeptoren frei, über die schlechte Einflüsse in Sie hineingelangen. Es verhält sich wie mit fließendem Wasser, das über eine Vielzahl von Rohren läuft. Ist eines dieser Rohre auf, fließt das Wasser sofort hindurch.

Stellen Sie sich jeden Ihrer Gedanken als ein reales, greifbares Energiekonstrukt vor, das Sie erschaffen. Bestehend aus Adressat (meistens Sie selbst oder eines Ihrer vielen Herausforderungen), dem Wunsch („Friede sei mit Dir") und der Ausrichtung. Je länger und häufiger Sie ein solches Konstrukt stricken und je mehr Menschen daran beteiligt sind, desto stärker und langlebiger wird es. Durch häufige Wiederholungen entwickelt ein von Ihnen erschaffenes „Wesen" eine Eigendynamik, in dem es Sie ständig auf sich aufmerksam macht und sich so selbst am Leben hält. Diese Wesen („Einflüsse") werden auch allgemeingültig Elementale genannt. Beschreibungen finden sich überall im Netz, meistens Kopien von Kopien. Umfassend beschrieben wurden sie bereits in den Anfängen des Hinduismus (vorher „Veda"). C W Leadbeater fasste sie in seinem Werk *Die Astralwelt* (*The Astral Plane*, 1894) zusammen. Im Normalfall existieren Elementale nur eine sehr kurze Zeit, die sich nicht in Tagen bemisst."

Ob Seele oder Elemental, für beide Gruppen gilt: Je mehr inkarnierte Seelen an sie glauben, desto mehr Macht steht ihnen zur Verfügung. Im Kapitel „Foppgeister" (DEdjW) habe ich einige moderne „Götter" vorgestellt, die sich ihre Anhängerschaft durch Durchsagen an Medien und anschließender Verbreitung über das Internet sichern. Diese reden ihren Anhängern „nach dem Munde" und geben sich oft für jemanden aus, der sie gar nicht sind. Da diese, die sich in den energetischen Welten aufhalten, die Funktionsmechanismen kennen, ist es ihnen ein Leichtes, an Informationen zu gelangen, die ein potentielles Medium schnell überzeugen.

Hinzu kommt, dass wir Menschen viel zu oft nur das sehen, was wir auch sehen wollen. Und so wird alle Vorsicht in den Wind geschlagen und das Medium ist überzeugt, mit einem Erzengel, mit Jesus oder sogar mit Gott persönlich in Kontakt zu sein.

Jesus

Insbesondere dieses Thema ist, wie alles in meinen Büchern, meine Sicht der Dinge und ich habe nicht die Absicht Sie von irgendeiner Religion oder Glaubensrichtung zu überzeugen.

Die Arbeit müssen Sie sich schon selbst machen.

Ich bin ein Anhänger des Jesus von Nazareth und seiner Lehren. Jesus ist nicht Gott, denn das würde Gott auf einen Menschen reduzieren, aber er ist ein Teil der Urseele und - wie wir alle - aus Gott. Er ist aber sehr wohl der „Erste unter Gleichen", perfekter und größter aller Menschen.

Jesus hat übrigens nie von sich selbst behauptet, Gott zu sein. Er sprach immer vom Vater und davon, dass er „der Weg" sei. Erst Jahrhunderte später kam es zu diesem Dogma und damit einhergehend zu viel Leid und noch mehr Aufspaltungen in weitere Religionsgemeinschaften (Fußnote).

Fußnote – Bezug: DEdjW Kapitel „Religionen".

Jesus ist die Lösung - die „Erlösung - eines sehr alten Problems. Er hat die energetischen Welten neu geordnet und somit vielen Brüdern und Schwestern (nicht nur den Christen) einen Weg aufgezeigt, den wir als „Ort" interpretieren, und auf dem wir zurück zum Vater, zum Ursprung gelangen können.

Er ist die Seele, die über die Jahrtausende die meisten Anhänger hatte und immer noch hat. Das macht ihn zum mächtigsten Wesen in den energetischen Welten und stattet ihn mit Fähigkeiten und Möglichkeiten aus, die notwendig sind, um uns den Weg zu bereiten und aufzuzeigen.

*

In der Bibelforschung wurde erst vor kurzem durch Herrn Holger Strutwolf (Westfälische Wilhelms-Universität Münster) eine Unregelmäßigkeit unter den übersetzten Texten gefunden. So fand er zum Beispiel eine Passage, in der es nicht der Herr war, der die Israeliten aus Ägypten führte, sondern Jesus, der bereits damals wirkte. Das Wort „Jesus" wurde von den Schreibern und Übersetzern durch die Bezeichnung „der Herr" ersetzt. Der Grund: Man kannte kein Konzept wie das der Reinkarnation und hielt die Namensgebung für einen

Schreibfehler. Die Reinkarnationslehre, welche auch im Christentum bekannt war, wurde am Anfang des 4. Jahrhunderts als Irrlehre gebrandmarkt und verboten. Herrr Strutwolf findet die Schreibweise „Jesus" gerade deshalb authentisch, weil sie vordergründig „unsinnig" erscheint. Dazu muss man wissen, dass Bibeltexte immer mit sehr großer Sorgfalt abgeschrieben bzw. übersetzt wurden.

Jesus ist eine *Reinkarnation*, die aus der Urseele hervorgegangen ist und er war die letzte und die vollkommenste Inkarnation von allen. Eine erneute Menschwerdung war nicht notwendig, denn mit der letzten Inkarnation als Jesus wurde das „Werk" vollendet. Er wurde zum Christus.

Diese Sichtweise wird von den Seth-Manuskripten genauso getragen wie von den Prophezeiungen des Edgar Cayce (Fußnote), von einigen jüngeren Religionen sowie den Neuoffenbarungen. Sie alle bestätigen die Reinkarnationen des Josua (lat. Jesus) Rabbi (Meister) von Nazareth.

So differenziert Cayce, wie oben beschrieben, zwischen Jesus und dem Christus. Er führt aus, dass Jesus viele Inkarnationen durchlief (und auch viele Fehler machte) und erst mit der Menschwerdung als „Jesus" zum „perfekten" Christus wurde. Christus ist ein erstrebenswerter Zustand, den ein jeder erreichen sollte. Daher bezeichnet er Jesus auch als den älteren Bruder.

Fußnote: Edgar Casey (* 18. März 1877 in Hopkinsville, Kentucky, USA; † 3. Januar 1945 in Virginia Beach, Virginia, USA) war ein Medium, welches auch der schlafende Prophet genannt wurde, da er bei seinen Readings immer in Trance fiel und sich anschließend nicht mehr erinnern konnte, was „durch ihn" gesagt wurde. Das Gesagte wurde durch eine Assistentin aufgeschrieben und so verfügen wir heute über eine ausführliche Dokumentation all seiner Vorhersagen und Anleitungen, welche in insgesamt 300 Bänden zusammengefasst wurden. Casey beschäftigte sich mit: Ursprung und Schicksal der Menschheit, Reinkarnation, Jesus und Christus, Unbekanntes Leben Jesu, Körper, Geist und Seele, Meditation, Außersinnliche Wahrnehmung, Atlantis. Er gilt als einer der bedeutendsten Seher der Neuzeit.

Die Reinkarnationen des Jesus ergeben ja auch Sinn. Denn, um uns den Weg zurück zum Ursprung aufzuzeigen, musste ein Teil des Ursprungs ebenfalls hinab steigen in die Materie und, wie wir alle, den leidvollen Reinkarnationszyklus durchlaufen. Denn nur so konnte er die Voraussetzungen schaffen, die notwendig sind, um uns alle ohne Ausnahme die freie Wahlmöglichkeit zu geben, den Weg der Erlösung zu beschreiten.

Wenn Sie so wollen, sind wir alle „gefallene Engel", ein Fraktal der Urseele, die sich im Materiellen verloren haben und nun den Weg zurück zum Vater antreten wollen.

Und so gesehen ist der „Himmel" nicht nur ein Ort, sondern ein „Weg". Der Weg zurück zu dem "Zustand", der gleichzeitig auch als Ort oder Ursprung verstanden wird. Der Ort, von dem wir einst aufgebrochen, separiert oder „gefallen" sind - je nach Betrachtungsweise.

FELDER

Mouches Volantes

Als Kind habe ich mich hin und wieder darüber gewundert, warum ich, wenn ich gegen den Himmel oder gegen einen hellen Hintergrund blickte, Kreise unterschiedlicher Größe und Anzahl sehen konnte. Diese verschwanden aus meinem Blickfeld, sobald ich versuchte, sie zu fokussieren. Als wir dann in Biologie über Bakterien sprachen und ich erste Experimente mit dem Mikroskop unternahm, war für mich klar, dass es sich um Mikroorganismen auf meiner Netzhaut handeln musste und das Thema war für die kommenden drei Jahrzehnte erst einmal durch.

Neu belebt wurde das Thema, als ich nach meiner Quasi-Nahtoderfahrung eine Suche nach dem Sinn meiner Existenz begann. Bei einigen Recherchen stieß ich auf Berichte, die von „Mouche Volantes" berichteten, „Fliegenden Mücken" oder auf Englisch „eye floaters". Ich nahm die „Kreise" wieder wahr - und nicht nur diese.

Zunächst entdeckte ich eine Kontroverse. In der Augenmedizin gibt es die Theorie, wonach es sich hierbei um eine krankhafte, im Alter und durch zunehmende Kurzsichtigkeit, entstandene Eintrübung des Glaskörpers handele. Die Bilder, die in der Augenheilkunde zur Darstellung herangezogen werden, zeigen lineare und runde Objekte, die aber ungleichmäßig erscheinen. Behandlungen werden zwar beschrieben und als möglich dargestellt, im gleichen

Atemzug aber wird davon abgeraten, da ein Eingriff zu schwierig und mit zu vielen Komplikationen verbunden sei.

Man kann der Schulmedizin allerdings keine Vorwürfe machen, da Spiritualität oder zumindest eine ganzheitliche Betrachtung des Phänomens nicht Bestandteil der Ausbildung sind.

Die Form der Objekte, die in diversen Publikationen der Augenheilkunde gezeigt werden, deckt sich nicht mit meiner Wahrnehmung. Diese sind in meiner Wahrnehmung klar abgegrenzt und geometrisch nahezu perfekt. Die Stäbe oder linearen Objekte bestehen aus einer Aneinanderkettung vieler Kreise, in denen sich wiederum weitere Kreise mit unterschiedlichen, aber klar abgegrenzten Graustufen befinden. Je nach Fokus (An- bzw. Entspannung) stellen sich diese unterschiedlich strukturiert, „erleuchtet" und auch mit einer unterschiedlicher Tiefe dar. Es sind also Objekte, die sich in einem Raum und nicht auf einer Fläche bewegen.

> Suchen Sie einmal nach Bildern von „Mouches Volantes" im Internet (Google – Bildersuche). Sie werden schnell fündig werden.

Das die Wahrnehmungsfähigkeit der Mouches Volantes den spirituellen Entwicklungsstand eines Menschen reflektiert, halte ich zumindest für überlegenswert. Hinweise hierfür liefern Erfahrungsberichte von diversen spirituell entwickelten Menschen, die sich im Netz finden lassen.

Unser Auge hat keine direkte optische Verbindung zu unserer Schnittstelle Gehirn. Dieses wird ausschließlich von seinen Sensoren - unseren Sinnen - mit Daten „gefüttert" (Fußnote). Daraus folgt, dass es sich nicht wie bei einem Mikroskop um eine Verschmutzung handelt, die optisch sichtbar wird, sondern um eine Wahrnehmung in Form von Daten, die über das Nervensystem an unser Bewusstsein gemeldet wird. Ich kann mir in diesem Zusammenhang nicht vorstellen, dass wir diese Formen, die eine Größe im mü-Bereich haben (1 mm = 1000 mü), „optisch" überhaupt erkennen könnten.

> Fußnote – Bezug: DEdjW Kapitel: „Wie wir unsere Realität wahrnehmen"

Dies wiederum führt zur nächsten Frage: Wo befinden sich diese Objekte und um was handelt es sich hierbei? Die „Mouches Volantes" befinden sich im selben Raum wie wir und werden erst dann sichtbar, wenn wir die normale überlagernde

Sensorik wie das Sehen, die Fokussierung unserer Umgebung, zurückfahren oder ausblenden. Wie wir auch sind sie ein Teil des Ganzen und stehen in Verbindung mit uns und allem, was ist. Ich kann mir gut vorstellen, dass es sich hierbei um Bewusstsein handelt, welches in einer anderen Realität oder, wenn Sie mögen, einer anderen Dimension oder höheren Ebene seine Ursache hat. „Höher", „Ebene" oder „anders" darf in diesem Zusammenhang nicht räumlich verstanden werden. Wir interagieren bereits jetzt mit den Realitäten, in die wir eines Tages übergehen werden und zwar mit dem, was gemeinhin „Astralkörper" genannt wird. Dazu aber gleich mehr.

Ich benutze die „Mouches Volantes" zum Meditieren: mit offenen Augen gegen einen hellen Hintergrund. Ich versuche sie zu fokussieren und durch Entspannung und Ruhe im „Blick" (der Mitte) zu halten. Und es gelingt mir immer besser und immer länger. Ich komme zur Ruhe und schöpfe neue Kraft. Alles Belastende verschwindet und es entsteht Raum für Kreativität und Wahrnehmung. Je konzentrierter ich bin und werde, desto schärfer, leuchtender und kleiner im Durchmesser (siehe Bild) werden sie.

Es gibt eine Abhängigkeit der Wahrnehmung von äußeren und inneren Einflüssen. Der innere Zustand (Ruhe und Konzentration) sowie der äußere (blauer Himmel, viel oder wenig Licht) beeinflusst die Sichtbarkeit. So mag man zwar argumentieren, es handele sich somit um ein physikalisch lösbares Problem, das nichts mit Spiritualität zu tun habe. Dies aber verdeutlicht nur das Dilemma der heutigen Wissenschaft, die nach wie vor versucht, sich deutlich von allem Spirituellen abzugrenzen und gleichzeitig feststellen muss, dass ihre Lösungsansätze mehr und mehr in eine Sackgasse führen, die mehr Ungereimtheiten als schlüssige Erklärungen liefert - wie so oft.

Gerade weil die „Mouches Volantes" von physikalischen, psychologischen und sehr wahrscheinlich dimensionalen Wahrnehmungszuständen abhängen, sind sie Ausdruck einer ganzheitlichen und allumfassenden Schöpfung.

Mir gefallen meine „Begleiter" und sie stören mich auch nicht, erlauben mir die „Mouches Volantes" doch zu jeder Zeit, mit offenen Augen Meditations- oder Konzentrationsübungen durchzuführen.

Astralkörper

Seit meiner Quasi-Nahtoderfahrung vor einigen Jahren sehe ich nicht nur die „Mouches Volantes" intensiver und deutlicher. Ich sehe auch eine Art energetische Hülle um Lebewesen, aber auch um alles herum, „was ist". Diese Hülle ist eigentlich keine, denn sie stellt einen Körper dar, der weit verbreitet „Astralkörper" genannt wird.

Bei den meisten Menschen weist dieser scharfe Konturen auf, manchmal sind Teile dieses Körpers aber auch träge und der Mensch scheint seinen Astralkörper „hinterherzuziehen". Ganz so, als würde er irgendwie festgehalten werden, um sich dann aber wieder zu lösen und seinem Körper zu folgen. Die Ränder sind bei entsprechender Konzentration und bei bestimmten Menschen ähnlich scharf und leuchtend wie es die Konturen der „Mouches Volantes" sind.

Der Astralkörper deckt sich schlüssig mit meiner Vorstellung der „Ersten Geistigen Ebene" der energetischen Welten, die ich in DEdjW als vibrierendes Energiekonstrukt beschrieben und vorgestellt habe. „Alles ist Bewusstsein" und „Materie ist nur eine andere Form von Energie" verdeutlichen das zusätzlich.

Der Astralkörper beschreibt die innere Aura oder das wahre Wesen, welches wir sind. Er besteht aus mehreren Schichten, von denen ich aber nur diese Innere sehen kann, welche eng am Körper anliegt. Eine Ausdrucksform des Astralkörpers (der Aura) ist, zum Beispiel, der „Heilgenschein" oder Strahlenkranz, wie wir ihn aus dem Christentum her kennen.

Der Astralkörper ist nicht der letzte Körper, den wir benutzen werden und müssen. Er dient uns in den Bereichen, die hier bei uns beginnen und in der Geisterwelt enden. Mit der Aufnahme in die Bereiche, die ich in DEdjW „Die Himmel" nenne, legen wir auch diesen ab und übernehmen einen weiteren, höher entwickelten Körper. Dieser ist in Ansätzen bereits latent vorhanden und muss ebenfalls mit altruistischen Erfahrungen ausgeprägt werden. Das Ablegen des

Astralkörpers ist durchaus vergleichbar mit dem Ablegen unseres Körpers in der materiellen Welt.

Der Astralkörper ist unser Körper, den wir im Leben ausprägen und mit dem wir in die energetischen Welten eingehen werden. Geprägt wird er durch unser Handeln. Ist er am Anfang noch klein, leer und konturlos, prägt er sich mit jedem Tag weiter aus, wächst und füllt sich. Das geschieht durch unser Ego, unser Handeln, durch alles, was wir erfahren, denken, tun. Er ist die Quintessenz unseres Lebens. Dieser Körper ist mit unserem stofflichen Körper fest verbunden. Wird diese Verbindung getrennt, stirbt der materielle Körper oder anders gesagt: Wir lassen los.

Das, was dann übrig „ist", unterscheidet sich nur in der Schwingung, „Der Stofflichkeit", vom festen Körper. Wenn das passiert, wird klar, dass wir nicht unser Körper waren und unser Bewusstsein nicht unser Gehirn. Es ist in etwa so, als hätten Sie sich zeitlebens mit Ihrem Anzug identifiziert und dachten, Sie „wären" er. Dann ziehen Sie ihn aus und stellen fest, dass es nie so war.

Grenzen

Die Erde, die ich Ihnen später noch im Kapitel „Materie" als „Gaia" vorstellen werde, ist, wie die Menschheit auch (und der individuelle Mensch), eine Organisationseinheit.

Um diese hierarchische Form (Die energetischen Welten) eindeutig abzugrenzen und um zu verhindern, dass Seelen in Bereiche vorstoßen, zu denen Sie keine Anbindung oder keinen Bezug haben, bedarf es neben dem Elektromagnetismus noch einer weiteren trennenden und schützenden „Grenze", die ein Eindringen verhindert. Solche Grenzen und Barrieren im Kosmos werden auch von Robert Monroe mehrfach beschrieben und so scheinen nicht nur Weltenkörper, sondern auch große räumliche Bereiche und somit ebenfalls zeitliche Abschnitte durch Barrieren getrennt zu sein. Auch das wäre eine weitere Erklärung dafür, warum es in unserer „Nachbarschaft" auffällig und unnatürlich ruhig ist (Fußnote).

Fußnote – Bezug: DEdjW: „Fermi Paradoxon" im Kapitel „Evolution I"

Solch eine Barriere könnten Forscher im November 2014 im erdnahen Orbit der Erde indirekt durch Messungen entdeckt haben. Die Grenzregionen dieses erdumfassenden Schildes in 12000 km Höhe sind scharf und fest, was sehr ungewöhnlich ist, da es eigentlich keine „natürlichen" (perfekten) geometrischen Formen im Makrokosmos geben dürfte.

Nachgewiesen werden konnte es nur indirekt durch Datenvergleich von Satelliten, die Bereiche in Höhen von etwa 40 000 m erforschen. Gewisse Elektronen, die dort noch nachgewiesen werden können, scheinen wie von einer unsichtbaren Glaswand in 12 000 m Höhe abzuprallen und werden so daran gehindert, auf die Erde zu gelangen. Ein Phänomen, welches sich jeder wissenschaftlicher Erklärung entzieht und Forscher dazu verleitet, Ausdrücke wie „Schutzschild" à la „Star Trek" zu benutzen.

Wie die Aura eines Menschen, so kann diese „Barriere" ebenfalls nicht direkt gemessen werden.

*

Die Veröffentlichung dieser „Messungen" und die daraus resultierenden Schlussfolgerungen erinnerte mich sofort an Felder, wie ich sie gelegentlich in Erdnähe (um genau zu sein: in einer an die Oberfläche angepassten Höhe von ca. 3 Metern) sehe.

Eine durchgehende, absolut ebene, fast plane, aber an den Erdboden angepasste Fläche ohne scheinbare Tiefe bzw. Dicke. Diese scheint allumfassend zu sein, sehen kann ich diese aber nur einige Meter weit, vielleicht 30 oder 40 Meter. Während „Mouches Volantes" und menschliche Felder ständig sichtbar sind, ist dieses Phänomen nur sehr selten wahrnehmbar.

Diese „Schicht" ist farblos - *eine Färbung „aus sich heraus" ist nicht erkennbar* -, weitestgehend durchsichtig und nur durch Fluktuationen erkennbar. Diese sind vergleichbar mit den Fluktuationen einer sehr glatten, aber sich schnell bewegenden Flussoberfläche. Wirklich erstaunlich ist, dass diese Fläche in Gebäude hineingeht und in den jeweiligen Räumen der Gebäude in der korrekten Höhe weiter „verläuft". So eine Beobachtung gelang mir erst einmal. Sie kann durchschritten werden, ohne sich dabei zu verändern.

Insgesamt kann ich dieses Phänomen genauso wenig erklären wie die forschende Wissenschaft die unsichtbare Sphäre im All. Allerdings kann ich Ihnen eine Interpretation basierend auf Zusammenhänge anbieten. Dazu muss ich aber erst einmal etwas weiter ausholen und Ihnen zunächst die Entstehungsgeschichte des Ortes Karlsruhe erklären.

Karlsruhe

Am Anfang des 18. Jahrhunderts begab es sich, so will es die Legende, dass Karl III Wilhelm Markgraf von Baden-Durlach (* 27.01.1679 - + 12.05.1738) während einer Ruhepause auf einem Jagdausflug im Hardtwald eine Vision hatte. In einem „Traum" sah er an dem Ort seiner Rast ein Schloss, welches sonnengleich im Zentrum seiner Residenz liegt.

Er beauftragte einen Entwurf und so entstand Karls-Ruhe als eine der wenigen Planstädte in Deutschland. Bemerkenswert ist die Geometrie der Umgebung des Schlosses im Zentrum. Von ihm gehen sonnenstrahlengleich Wege in alle Richtungen ab.

Ansicht der Stadt von Norden 1739, Kupferstich des Hofgärtners Christian Thran.

Das mag erst einmal nur wie ein spleeniger Einfall eines gelangweilten Markgrafen mit übergroßem Ego (und Portemonnaie) erscheinen. Doch der erste Eindruck täuscht.

Der Bauplatz des Schlosses wurde durch Wünschelrutengänger ermittelt. Diese konnten Linien identifizieren, die sich alle an einem Punkt trafen und kreuzten. Diese Linien wurden zu den Wegen und Straßen, die noch heute sichtbar vom Schloss strahlenförmig abgehen. So entstand also, mit der Grundsteinlegung am 17.06.1715, vor 300 Jahren, die Stadt Karlsruhe. Wenn Sie sich einmal in Karlsruhe aufhalten sollten, gehen Sie doch mal auf den Marktplatz; dort markiert eine Pyramide den Ort, unter dem die letzte Ruhestädte des Markgrafen liegt.

Bei diesen Linien handelt es sich um sogenannte „Energielinien", auf die ich noch im späteren Verlauf dieses Kapitels zu sprechen komme.

Der Markgraf und Stadtgründer Karlsruhes wurde nach seinem Tode, seinem Wunsch gemäß, in der Gruft der Konkordienkirche am Marktplatz beigesetzt. Im Jahr 1807 wurde die evangelische Kirche im Zuge der Vergrößerung des Marktplatzes abgerissen und die Gruft des Stadtgründers zunächst durch eine Holzpyramide markiert. Diese wurde dann im Jahr 1825, einem Entwurf des Architekten Friedrich Weinbrenner folgend, durch eine 6,81 Meter hohe Pyramide aus Sandstein ersetzt, die heute das Wahrzeichen der Stadt darstellt. Entgegen diverser Theorien, die im Internet kursieren und die Pyramide in Verbindung mit Verschwörungen und/oder Aliens bringen, entstand die Pyramide weder zu Lebzeiten von Karl Wilhelm noch auf seinen Wunsch hin.

Sehr wohl drückt sie aber aus, dass die gefundenen Energielinien nicht auf die Erde beschränkt sind. Sie sind ein Fingerzeig auf die Geometrie und Verbundenheit aller Dinge im sicht- und unsichtbaren Kosmos.

*

Das Wappen des Markgrafen. Schauen Sie sich das Bild einmal in Ruhe an und Sie werden einige ungewöhnliche Details entdecken.

Markgraf Karl Wilhelm – Kupferstich von Andreas Reinhard – ca. 1720

- In der Mitte, jeweils rechts und links ist ein Wünschelrutengänger zu erkennen.
- Auf der linken Seite zudem ein Kegel (Pyramide)
- Im unteren Teil in der Mitte ein deutlicher Hinweis auf die Geometrie der Schöpfung in Form eines Zirkels, gekreuzt von Werkzeugen. Eine sehr ähnliche Symbolik findet sich bei den Freimaurern.
- Ebenfalls im unteren Teil, um das Zentrum (Geometriedarstellung der Schöpfung) finden sich astronomische Planetensymbole

Dieses Buch beschäftigt sich nicht mit der Astronomie, dennoch möchte ich kurz auf einige der grundlegenden Symbole der astronomischen Lehre eingehen.

- Ein senkrechter Strich steht für den Verstand
- Der waagerechte Strich für den Körper
- Ein Kreuz steht folgerichtig für die Materie als Symbiont für Körper und Verstand

- Kreis mit Kreuz (innerhalb): Die Erde ist der Planet, auf dem sich das Leben manifestiert. Das Kreuz der Materie befindet sich in der Mitte, umgeben vom Kreis des Geistes, in dem alles Leben enthalten ist.

- Kreis mit Punkt: Der Kreis steht für den Geist und der Punkt in der Mitte eines Kreises repräsentiert das Bewusstsein. Dies ist das Symbol der Sonne. Gehen Sie jetzt einmal zum Anfang dieses Kapitels und schauen sich einmal die grafische Darstellung der „Mouches Volantes" an.

Wünschelruten

Es ist immer der Wünschelrutengänger, der den Ausschlag „auslöst". Das funktioniert aber nur dann wahrhaftig, wenn die Reaktion vom unbewussten Teil des Suchenden ausgelöst wird und zwar von seiner nichtphysischen Schnittstelle zum „Feld", dem Puppenspieler, seinem Unterbewusstsein. Nur wenn der Wünschelrutengänger „frei" ist und sein Bewusstsein geleert und ausgerichtet hat, kann und wird es funktionieren. Sobald der Verstand überlegend und steuernd eingreift, wird das Ergebnis verfälscht. Das funktioniert genauso wie mit der Intuition. Der erste spontane, nicht herbeigewünschte Gedanke ist „der Richtige" (auch ein guter Rat beim sogenannten „Multiple Choice Test").

Wahrgenommen werden hier „Energien", die nicht im herkömmlichen Sinne zu verstehen sind. Es handelt sich hierbei um nicht-messbare oder direkt sichtbare Linien oder Felder, die nur über unsere Anbindung an das Feld, unter Zuhilfenahme einer „Rute", sichtbar gemacht werden können. Auch gibt es hellsichtige oder hellfühlende Menschen, die ohne Unterstützung eines Hilfsmittels diese wahrnehmen können.

*

Vor gut drei Jahrzehnten wurde auf einem Feld bei Kornelimünster in der Nähe von Aachen eine gallorömische Tempelanlage (das Vanenum) gefunden und archäologisch gesichert.

Siegfried Prumbach, Geomant (Fußnote) und Leiter der Geomantieschule „Anima Mundi" (lat. Weltenseele) begab sich 1986 zum Vanenum, um innerhalb der Tempelanlagen Messungen durchzuführen. Er wurde schnell fündig. Das ist erst einmal nichts Ungewöhnliches. Es gibt viele Orte auf unserem Planeten, wo es konzentriert „Energien" gibt, die wir über unseren Körper aufnehmen und mit einer Rute sichtbar machen können.

Fußnote (Zitat): „Die Geomantie ist so alt wie die Menschheit selbst. Stets war der Mensch darum bemüht, Orte zu finden, die eine bestimmte Eignung für diverse Nutzungen aufwiesen, stets war er auch darum bemüht, diese Eignungen zu optimieren. Auch wenn der Mensch vergessen zu haben scheint, dass der Ort dabei mehr ist als ein sachlich-funktionaler Nutzen, dass dieser Geist und Seele besitzt, so war die Kunst der Ortsinterpretation wie sie ganz materiell in Geologie, Geografie, Landschaftsplanung und Städtebau heute angewandt wird, doch stets Geomantie: Die Kunst und Wissenschaft der Ortsinterpretation. So zeigt sich auch die Geomantie immer im Gewand der aktuellen Zeit und ihrem vorherrschenden Zeitgeist." (Quelle: http://www.geomantie-zentrum.de – Artikel: Was ist Geomantie? Stand 17.12.2014) – Anm. des Autors: Die Geomantie ist weitestgehend unbekannt in unserem Kulturkreis, die asiatische Variante hingegen schon: „Feng Shui".

Ungewöhnlich hingegen war, dass sich hier eine starke Erdenergielinie andeutete. Während mehrerer Reisen konnte er diese Linie weiter verfolgen: in nördliche Richtung bis nach Leiden in Holland, wo die Linie in der Nordsee verschwand und in südliche Richtung über das Vesuvgebiet bei Neapel hinweg bis an die süditalienische Mittelmeerküste. Er gab ihr den Namen „Kosmische 33°-Grad-Linie" oder kurz „Cosmic Line". Ohne hier zu sehr ins Detail zu gehen, unter Einbeziehung zweier weiterer Linien, der „Grals-Linie" und der „Herz-Linie" (entdeckt vom Geomanten Peter Dawkins) konnte er ein umfassendes Erdenergienetz, bestehend aus zwölf großen Fünfecken, die zusammen einen Dodekaeder bilden, errechnen.

Ein Dodekaeder besteht aus Fünfecken, auch Pentagon genannt. Eine Form, die nicht nur in der Mathematik verehrt wird (siehe auch: Der Goldene Schnitt), auch das Pentagramm oder „Drudenfuß" genannt, ergibt sich aus dem Fünfeck und hat einen festen Platz in der Mystik.

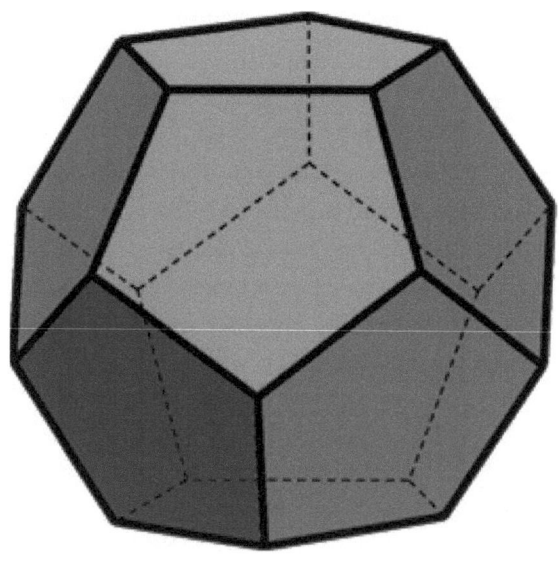

Abb.: Dodekaeder

Einen ausführlichen Artikel zu diesem Thema finden Sie hier: http://www.horusmedia.de/1999-energienetz/energienetz.php.

Interessant in diesem Zusammenhang ist die Erkenntnis, dass die, durch Siegfried Prumbach, (wieder)entdeckte Erdenergielinie, exakt durch Karlsruhe verläuft und sich mit dem Karlsruher „Muster" deckt. Karlsruhe ist, wie zum Beispiel auch die Externsteine, ein „Kraftort" (ein Begriff aus dem Schamanismus), an dem viele solcher Energielinien sich überschneiden bzw. zusammenkommen.

Wiederentdeckt deshalb, weil anscheinend schon die alten Römer um diese Orte und Linien wussten und zum Beispiel das Vanenum bei Kornelimünster errichteten. Erstaunlich ist zudem, dass der oben dargestellte Dodekaeder bereits im 3. Jahrhundert und früher bekannt war und in Form eines „magisches Objektes" - so eine der Vermutungen - in den römischen Siedlungen gefunden wurde, und zwar ausschließlich in Gebieten, die zuvor von den Kelten bewohnt waren. Gefunden wurden bislang an die 100 Exemplare.

Römischer Dodekaeder (Quelle: Wikipedia – Artikel: Römischer Dodekaeder. Urheber: lokilech. Lizenz: Creative Commons Attribution-Share Alike 3.0 Unported)

*

In der Grafikprogrammierung benutzen wir sogenannte Polygone (Vielecke), um dreidimensionale Objekte darzustellen. Eine Kugel besteht - der heutig möglichen Rechenleistung geschuldet - aus Dreiecken, die hochgerechnet werden und uns so das Bild einer perfekten Kugel suggerieren. 3D-Welten werden anhand dessen programmiert.

Die Technik und die Rechenleistungen von Computern schreiten voran und die Auflösungen der so geschaffenen Welten entsprechen immer mehr der „Realität". Entlarvt werden sie nur, wenn sie entsprechend vergrößert werden. Eines Tages wird aber auch das Problem gelöst sein und, je weiter wir die „Grafik" auflösen, umso kleiner werden auch die Polygone analog zur Vergrößerung.

Was folgt daraus

Was, wenn Erdenergielinien gar keine Linien sind, sondern nur punktuell wahrgenommene Energiemessungen in Bodennähe, die fälschlicherweise eine Linie suggerieren?

Was, wenn es sich hierbei um Übergangsflächen handelt, von einem Objekt zum nächsten, ähnlich wie ich sie im Unterkapitel „Grenzen" beschrieben habe und die zusammen mit einer Vielzahl weiterer Polygone/Polyeder (Fußnote) eine Sphäre bilden, wie wir sie momentan als Barriere in 12 000 km Höhe wahrnehmen?

> Fußnote: Polyeder sind dreidimensionale Körper, die von Polygonen (Vielecken) als Seitenflächen begrenzt sind. Zu erwähnen wären hier besonders die „Platonischen Körper", die vollkommen regelmäßige konvexe Polyeder darstellen (Tetraeder, Hexaeder, Oktaeder, Dodekaeder und Ikosaeder). Diese werden auch kosmische Bausteine genannt.

Wenn dem so ist, dann wäre unsere wahrgenommene Realität in Wahrheit virtuell und somit künstlich erschaffen, eine Projektion wie ich Sie bereits in DEdjW beschrieben habe. „Virtuell" und „künstlich" stehen gleichbedeutend für den Begriff „Schöpfung" und schließen - und darauf kommt es an - den Zufall aus.

Eine holistische Projektion, die gleichzeitig ein alles verbindendes Netzwerk darstellt, indem alles mit allem verbunden und der Mensch gleichsam ein Teil, ein Fraktal des Ganzen ist. Vielleicht sind wir nur eine Projektion eines längst vergangenen Universums, welches als Informationsquelle über den Ereignishorizont eines Schwarzen Loches ein „neues Universum" hervorbringt.

Vorstellbar wäre auch eine Projektion von einem Punkt in alle Richtungen, unendliche viele Universen, die sich ewig und unendlich ausdehnen. Da dem holistischen Prinzip eine holografische Informationsstruktur zugrunde liegt, wäre jedwede Information auch an jedwedem „Punkt" vorhanden, ganz so wie bei einem holografischen Bild. Zertrümmern Sie es, werden Sie in jedem Splitter das Gesamtbild sehen können - nur kleiner. Da Information aber unabhängig ist von Attributen - wie klein oder groß - kann Sie auch unendlich und ewig weiter gegeben werden (Fußnote).

Der Punkt, von dem alles ausgeht, würden wir wohl Vater nennen, den Ursprung oder auch Gott. Jakob Lorber nannte diesen Mittelpunkt allen Seins die Urzentralsonne (die wir noch nicht entdeckt haben). Diese Urzentralsonne ist der Ursprung unseres Universums und ihr Dreh- und Angelpunkt.

Gott („Alles, was ist, war und immer sein wird.") lässt sich sicher nicht auf einen Punkt reduzieren. „Er" ist überall und allumfassend, hat aber sehr wohl ein Zentrum, von dem er in alle Richtungen ewig und unendlich ausstrahlt.

Fußnote – Bezug: DEdjW Kapitel: „Das Feld", „Auf der Suche nach dem allerkleinsten Teilchen", „Die energetischen Welten" – Aussichten.

*

Auch könnte die gefundene Sphäre in 12 000 km Höhe durchaus die Barriere sein, die es außerirdischem Bewusstsein, „Göttern" oder aber nicht inkarnierten Seelen aus den energetischen Welten einen direkten Zugang zu uns Menschen verwehrt. Eine Art Schutzmechanismus, um unsere Entwicklung zu schützen und um zu verhindern, dass unserer Schutzlosigkeit als inkarnierte Seele, ausgenutzt wird. Das Einzige, was möglich ist, ist eine eingeschränkte Kommunikation über ein geeignetes Medium.

WAHRNEHMUNGEN

Außergewöhnliche Erfahrungen wie imaginäre Freunde von Kindern, Nahtoderfahrungen, Wahrnehmungen aus den „energetischen Welten", Visionen oder Kontakte mit Verstorbenen sind häufiger, als wir gemeinhin annehmen.

Sie sind allerdings in unserer Kultur verpönt und Betroffene schweigen, da diese denken, sie wären psychisch krank, abnormal oder hätten sich das nur eingebildet.

Psychisch krank oder abnormal sind aber jene, jene - die große Masse betreffend - aber in der Regel nicht. Die Häufigkeit und die Gemeinsamkeiten verbieten so eine Annahme.

Insbesondere Kinder haben noch eine klare Anbindung. Mir liegen Berichte vor, in denen Menschen berichten, dass sie während ihrer Kindheit „imaginäre Freunde" hatten, diese mit Eintritt in die Pubertät verloren haben und deren Kinder nun über die gleichen Kontakte verfügen. Diese und ähnliche Fähigkeiten treten sehr oft gehäuft innerhalb von Familien auf und scheinen erblich zu sein (Fußnote)

Fußnote – Bezug: DEdjW Kapitel: „Lasset die Kinder zu mir kommen".

Hier sind einige Beispiele, die mir auf meiner Facebook-Seite (www.facebook.com/Das.Buch.zur.Ewigkeit) zugetragen wurden.

„In unserer Siedlung war eine Nachbarin verstorben. Eine andere Nachbarin ging mit ihrer (ich glaube damals 5-jährigen Enkelin) spazieren. Plötzlich lief die Kleine zu dem Haus, in dem die verstorbene Frau gelebt hat und sagte: "Hier fehlt jemand"."

*

„Als Kind kam mir immer mal der Gedanke, dass wir unsterblich sind" Diese Gedanken hatte ich als Erwachsene nicht mehr "

*

„Mein Sohn hatte, als er klein war, ungefähr bis zum Schuleintritt auch einen imaginären Freund. Er konnte ihn namentlich benennen und bestand ab und an darauf, dass für ihn mit eingedeckt wurde und er mit am Tisch sitzen durfte."

*

„Habe mich als kleines Kind mal eingeriegelt und die Tür nicht mehr aufbekommen. Während meine Mutter versucht hat, die Tür zu öffnen, bekam ich es mit der Angst und weinte ganz schrecklich. Da stellte sich eine alte Dame, die auf einmal im Sessel saß, als Frau Meier (Name anonymisiert) bei mir vor und tröstete mich. Als meine Mutter die Tür aufbekommen hatte, war ich ganz ruhig und wollte ihr die Dame zeigen. Diese war jedoch die vor unserem Einzug verstorbene Vormieterin der Wohnung, von deren vergangener Existenz ich nichts wissen konnte. Seitdem braucht mir niemand mehr mit ‚Einbildung' etc. kommen."

*

Auch wir Erwachsenen sind grundsätzlich nicht spirituell blind. Einige von uns haben sich die Fähigkeit über die Pubertät hinaus erhalten, andere haben Fähigkeiten durch Studium, Mediation und Achtsamkeitsübungen entwickelt.

Eine Lesererfahrung:

„Ich habe durch einen sehr schönen und gleichzeitig sehr traurigen Abschnitt in meinem Leben vor ca. 2 Jahren angefangen, mich mit diesem Thema zu beschäftigen. Wobei ‚reinrutschen' eher das richtige Wort ist.

Seitdem weiß ich, dass es noch mehr gibt zwischen Himmel und Erde. Ich hatte neulich einen "Herrn" in meiner Küche. Ich war mir nicht ganz sicher, was das da gerade war, aber es hat mir keine Angst gemacht. Eine Woche später, hatte ich sehr starke Kopfschmerzen und wusste, dass ich wieder eine Besetzung hatte. Es war diese Männerseele aus der Küche. Wir haben ihn ins Licht geführt, wo es ihm jetzt sicher besser geht. Als ich meinen Kindern, 18 und 23, von all meinen neuen Erfahrungen erzählte, meinten die beiden:‚ Ja, ich weiß, dass es das gibt'. Sie sehen die auch."

Fußnote – Bezug: DEdjW Kapitel: „Das Feld" und Lasset die Kinder zu mir kommen"

*

Der Bereich kurz vor dem Einschlafen ist die „Zeit", in der wir am empfänglichsten sind für außersinnliche Wahrnehmungen und Inspirationen. Das liegt daran, dass unser Bewusstsein kurz vor dem Einschlafen und dann wieder kurz vor dem Erwachen in den Alpha-Bereich wechselt (14-8 Hz). Diese Alphawellen sind das Tor zur Meditation und stellen eine erweiterte Anbindung an das „Feld" dar.

In diesem Zustand befinden wir uns in Resonanz mit der Frequenz unserer Erde. Diese beträgt 7,83 Hz und wird auch „Schumann-Resonanz-Frequenz" genannt (Fußnote).

Fußnote: Die Schuhmann-Resonanz-Frequenz bezeichnet ein Phänomen, welches die Frequenz der Erde wiedergibt. Hiermit ist - einfach ausgedrückt - eine messbare Schwingung gemeint, eine Schwingung (Frequenz,) die sich zwischen der Erdoberfläche und der Ionosphäre bewegt. Sie wurde 1952 von Winfried Otto Schumann und Herbert L. König entdeckt und 1960 experimentell untersucht. Sie beträgt 7,83 Hz.

Meine Ideen kommen mir meistens in diesen Phasen, aber auch manchmal mitten in der Nacht. Aus diesem Grund habe ich immer einen Notizblock mit Bleistift in Reichweite, um die Informationen schnell aufschreiben zu können, bevor sie wieder vergessen werden. Wie Sie bereits in meinem ersten Buch lesen konnten, erwachte ich eines Morgens und ich hatte die Idee zu meinem ersten Buch, samt Titel und Kapitel. In zwei Minuten war alles aufgeschrieben und musste „nur noch" mit Inhalt gefüllt werden.

Der Bereich vor dem Einschlafen oder unmittelbar nach dem Erwachen, ist auch ein Bereich, in dem wir besonders klare außersinnliche Wahrnehmungen haben können. Erdgebundene Seelen werden gesehen, aber auch Wesen aus anderen Realitäten, Konzepte und vielerlei „Unmögliches", für das wir schlicht und ergreifend kein Konzept haben. Diese Wahrnehmungen sind deutlicher und plastischer als die Realität und werden nur dann gesehen, wenn die Augen geöffnet sind. Werden die Augen geschlossen, verschwinden Sie wieder.

Oft geht so eine Vision einher mit einer Schlafstarre. Die Schlafstarre ist ein natürlicher Prozess, der unmittelbar vor den Traumphasen einsetzt. Sie verhindert, dass der „Träumende" sich im Schlaf verletzt. Kommen Menschen jetzt zu Bewusstsein, haben sie oft Visionen, verbleiben aber gelähmt, was oft zu einer Panik oder Angstreaktion führt. In so einer Phase sind sie noch in Resonanz zu anderen Realitäten oder Ebenen der energetischen Welten. Fast alle Wahrnehmungen werden als aus sich heraus leuchtend und strahlend beschrieben. Dies trifft nicht auf erdgebundene Seelen zu, diese sind eher Schatten, manchmal auch weiß-grau (zumindest ist das bei mir so). Oftmals werden solche Erfahrungen als ein Besuch von „Außerirdischen" fehlinterpretiert (Siehe auch das Kapitel „Von den Göttern, die von den Sternen kamen").

Ich habe diese Fähigkeit seit meiner frühesten Kindheit und auch wenn manchmal etwas direkt vor meiner Nase auftaucht, erschrecke ich mich nicht, sondern freue mich darüber, mal wieder „etwas gesehen" zu haben. Ich versuche so lange wie möglich, auf dem „Objekt" zu bleiben. Manche verschwinden aus dem Blickfeld, wie die in diesem Buch beschriebenen Mouche Volantes, andere nicht. Die Schlafstarre habe ich allerdings noch nicht erlebt, sie ist mir aber aus vielen Berichten und Erzählungen bekannt.

Oft sind, die „Erscheinungen" die ich sehe, zwar logisch aufgebaut und strukturiert, aber doch gleichzeitig unendlich fremdartig und mit nichts aus unserer Realität vergleichbar. Mit logisch aufgebaut meine ich (zum Beispiel):

- Seitengleichheit
- Sensoren, wie Augen /Ohren/ etc.
- Extremitäten

Ich erinnere mich auch an Wesen, die (genauso wie ich) überrascht waren, dass ich sie sehen konnte oder aber sich ob meines menschlichen Aussehens erschrocken haben. Sie alle hatten eines gemein, sie leuchteten aus sich heraus.

Erst vor kurzem, ich wurde gegen zwei Uhr wach, war es eine leuchtende kleine Kugel die ich sah, frei im Raum schwebend, nicht weit von meiner Stirn entfernt. Ihr Leuchten war sehr intensiv und sie schien aus vielen Fäden unterschiedlicher Färbung zu bestehen.

Mein Puppenspieler? Wer weiß. In der Esoterik wird dieser (oder ein ihm ähnlicher) Ball, der direkt auf Höhe der Stirn (mittig) platziert ist, das „dritte oder auch das innere Auge genannt".

In der Lehre der Chakren stellt es das Energiezentrum dar, welches Stirnchakra genannt wird. Passenderweise repräsentiert es die Intuition, Weisheit, Erkenntnis, Wahrnehmung, Phantasie, Vorstellungskraft sowie die Selbsterkenntnis.

Auch im Christentum scheint dieses Phänomen durchaus bekannt zu sein. So fand ich im März 2015 in der „Basilika des Heiligtums der Heiligen Jungfrau vom Rosenkranz von Pompei" (Italien) ein Deckenfresko, die den heiligen Domenikus (1170-1221, Italien, Begründer des Dominikanerordens) mit einer strahlenden Kugel vor seiner Stirn, in leicht erhöhter Position, zeigt. Sie symbolisiert Intuition, Erleuchtung und visionäre Fähigkeiten. Auf dem Fresko werden zudem die Himmelfahrt, Säulen des christlichen Glaubens, Heilige und Päpste dargestellt. Insgesamt 360 Personen auf 509 qm.

Bilder: Deckenfresko „Die Visionen des heiligen Domenikus" (Ausschnitt) in der Basilika von Pompeji. Erstellt durch den Maler Angelo Landi di Salò (BS) Foto: Martin Heyden.

*

Erdgebundene Seelen aus unserer Realität nehme ich nur begrenzt und sehr selten wahr. Diese Ereignisse lassen sich an einer Hand abzählen.

Astralkörper von noch „Lebenden" sind da schon leichter zu beobachten.

Einmal, als mein Hund im Tiefschlaf war, wirkte er unruhig. Er träumte, wahrscheinlich war er mal wieder auf der Jagd. Ich öffnete meine Augen und sah, dass seine Beine sich sehr schnell bewegten, ganz so, als wäre er mit Höchstgeschwindigkeit unterwegs. Nur dass es nicht seine „richtigen" Beine waren, die sich da bewegten, sondern die seines Geistkörpers (Astralkörper). Sie erschienen mir klar umrissen, weiß-grau und stimmten exakt mit den Proportionen seines materiellen Körper überein.

VERÄNDERUNGEN

Fahrt über den Styx, Radierung von Gustave Doré, 1861

DER MENSCH

Kausalität: Jede Wirkung hat eine Ursache ...

Der Mensch hat sich im Laufe der Zeit, abgesehen vom biologischen, nicht verändert. Wir sind heute noch genauso programmiert wie die Menschen vor 100 000 Jahren. Wir sind dabei eingebettet in Gesetzmäßigkeiten, die wir nicht sehen oder messen können, die aber unser Leben und unsere Entwicklung bestimmen. Weil diese aber nicht direkt greifbar sind, erschafft sich der Mensch, basierend auf bekannten Konzepten, für ihn nachvollziehbare kausale Ursachen für sein Wohlergehen oder sein Unglück.

Diese sind dann oft Geheimgesellschaften oder Außerirdische, von denen dann angenommen wird, dass diese die Geschicke der Menschheit beeinflussen und bestimmen.

Dem zugrunde liegt eine menschliche Eigenschaft, die man ebenfalls „Gesetzmäßigkeit" nennen könnte: Der Mensch will eine nachvollziehbare plausible Erklärung für jedwedes Ereignis haben. Er denkt, dass alles, was er kennt, auch kontrolliert werden kann. „Gefahr erkannt, Gefahr gebannt!" Dies ist ein Trugschluss. Um nur ein Beispiel zu nennen: Nur weil wir das Wetter deuten können, haben wir noch lange keine Kontrolle darüber.

Seit wir ein Konzept für Aliens haben (seit Jules Verne und dem Mann im Mond), sind diese auch überall zu finden, genauso wie Geheimgesellschaften und Verschwörungstheorien. Dabei ist alles gar nicht so kompliziert. Es sind Gesetzmäßigkeiten, wenn Sie so wollen, Regeln, in denen wir verankert und eingebettet sind, welche die Geschehnisse herbei- und so alles seinem vorbestimmten Ziel hinzuführen.

Bereits der Physiker Burkhard Heim erkannte, dass es eine 5. und 6. Dimension, mitten unter uns, allumfassend, geben muss, die zum einen die Information verarbeitet und aufnimmt (die 5.) und eine 6., übergeordnete, welche die Informationsprozesse steuert. (Das Feld).

Auch der neuseeländische Physiker Sean Gourtley forscht in diese Richtung. Er studiert die Evolution von Konflikten und kriegerischen Auseinandersetzungen(Fußnote)

Fußnote – Bezug: DEdjW Kapitel: Kapitel „Der freie Wille und der Sinn des Ganzen

Nicht Menschen, Götter oder Aliens sind es also, die hier im Diesseits verdeckt operieren, sondern Gesetzmäßigkeiten sind am Werk, die wir nur noch nicht kennen.

Das heißt aber nicht, dass wir nicht aus den energetischen Welten heraus „versucht" und manipuliert werden (DEdjW– Kapitel „Von Engeln und falschen, sowie wahren Propheten").

Der Mensch ist kausal kurzsichtig und sucht sich immer eine für ihn logische und, vor allen Dingen, naheliegende Antwort. Er geht die Kausalkette, die an ein Ereignis geknüpft ist, immer nur soweit zurück, bis er eine für sich zufriedenstellende Antwort gefunden hat. Diese muss nicht zwingend der Realität entsprechen, sofern sie denn nur plausibel erscheint. Im Allgemeinen ist es leider so, dass für die große Masse unserer Bevölkerung, Aliens und Geheimgesellschaften plausibler und wahrscheinlicher sind als eine allumfassende und zielgerichtete Schöpfung.

Jeder Mensch macht sich somit seine eigene Erklärung der Dinge und schafft sich seine „eigene Wahrheit". Das wäre ja auch grundsätzlich in Ordnung. Nur ist es aber so, dass er, solange er die Schöpfung und sich selbst nicht erkennt, nicht erwachen kann. Der Mensch träumt den Traum des Lebens in weiteren Reinkarnationen oder in das, was ich in DEdjW „Die Höllen" genannt habe, weiter. Erschwerend für den Träumenden kommt hinzu, dass er immer nur das, was er sehen und hören will, auch sehen und hören wird.

*

Mit der „Wahrheit" in der Geschichtsschreibung verhält es sich ähnlich. Nehmen Sie einen aktuellen Konflikt. Jede Partei (und deren Anhänger) hat ihre Sicht der Dinge. Die einen geben der Gegenpartei, nenne wir sie A-Land, die Schuld („Das ist doch offensichtlich!"), B-Land wiederum der Partei A-Land („Seid Ihr eigentlich blind?"). Kommt es dann zu einer gewalttätigen, vielleicht kriegerischen Auseinandersetzung, findet anschließend immer die „Wahrheit" des Siegers Einzug in die Geschichtsbücher, die andere Wahrheit wird gelöscht, verboten oder erlischt mit der unterlegenen Partei. Die Schuldfrage wäre damit für die Nachwelt eindeutig geklärt. Auch gibt es genügend Beispiele in der Menschheitsgeschichte, in der ein und derselbe Konflikt aus zwei Blickwinkeln völlig unterschiedlich betrachtet und ausgelegt wird.

Die Schuldfrage ist stark vom Blickwinkel des Urteilenden und wie dieser die Dinge sieht abhängig.

Dabei gibt es so etwas wie Schuld und Unschuld überhaupt nicht. Je weiter Sie eine Kausalkette zurückgehen, werden Sie (objektiv betrachtet), immer einen anderen Schuldigen ausmachen, der eine Auseinandersetzung verursacht hat, bis Sie irgendwann am Anbeginn der Raumzeit angekommen sind.

Dazu ein kleines Gedankenexperiment:

- „Hätte es jemals den Zweiten Weltkrieg gegeben, wären die Freiheitskriege (1813 -1815) seinerzeit anders verlaufen und Napoleon hätte obsiegt?"

- „Natürlich, er hätte nur zu einem anderen Zeitpunkt und an einem anderen Ort seinen Anfang genommen"

Gesetzmäßigkeiten

Würden Sie alle hundert Jahre eine globale Datenerhebung durchführen, um festzustellen, wie hoch der Anteil der Egoisten zu den Altruisten ist, dann würden Sie wahrscheinlich feststellen, dass der prozentuale Anteil einen weitestgehend konstanten Wert aufweist, der sich in einem engen Bereich halten wird. Es wird sie immer geben, die egoistischen rücksichtslosen Despoten und die barmherzigen selbstlosen Samariter.

Die Anzahl der Altruisten und Egoisten ist aber nie exakt gleich, sie verändert sich und wenn Sie sich die Zahlen genauer anschauen, würden Sie vielleicht eine Sinuskurve erkennen, die über Jahrzehnte hin steigt und dann wieder fällt.

Der prozentuale Anteil von gewaltbereiten Menschen - bedingt durch Zunahme des Egoismus - ist auf dem entsprechenden Zenit einer solchen „Kurve" besonders hoch.

Es kommt dann zu einer Eskalation der Gewalt, die sich vielleicht in einem Krieg äußert. Danach senkt sich der Anteil wieder, neue Gesellschaften erwachsen aus der Zerstörung der vorherigen und es folgt eine Phase des Friedens. Geld wird in den Wiederaufbau gesteckt, die Militärausgaben zurückgefahren. Der Sieger schreibt die Geschichtsbücher um und es folgt eine Phase, in welcher der Mensch das Menschsein genießt.

Bis die Kurve erneut ansteigt. Schauen Sie in die Geschichte der Menschheit und Sie werden genau diesen stetigen Wechsel finden, Krieg und Frieden, Freud und

Leid, immer und immer wieder, global. Je stärker irgendetwas aus dem Gleichgewicht gerät, desto stärker wird das Bestreben nach einem Ausgleich und so führt das eine, logisch konsequent und zwingend, zum anderen. Es sind eben diese zwingenden Gesetzmäßigkeiten, die zu Gewalt (siehe auch das Kapitel „Zerstörung") in immer größeren Ausmaßen führen. Mehr Menschen und ein Mehr an Fortschritt bedeutet auch zwingend ein Mehr an Gewalt und Zerstörungspotential.

Verstehen Sie mich nicht falsch, ich finde das weder gut noch notwendig, noch möchte ich irgendeine Epoche unserer Geschichte gutheißen oder verurteilen. Ich sehe das Ganze lediglich als eine logische Konsequenz, der wir alle unterliegen.

*

Ein Mensch sollte in der Lage sein, sofern er Vollzeit beschäftigt ist, sich und seine Familie zu ernähren und er sollte dabei noch in der Lage sein, einen angemessenen Lebensstandard zu führen. So war es in unserem Land noch vor einigen Jahrzehnten, aber im Zuge der Zeit ist das damalige Gleichgewicht immer mehr in Schieflage geraten.

Nehmen wir einmal an, ein Mensch würde einen Taler Lohn benötigen, um sich und seine Familie zu ernähren, ihr ein Haus zu bauen und ein Mal im Jahr mit ihr in den Urlaub zu fahren.

Vor fünfzig Jahren teilten sich zehn Menschen zehn Taler wie folgt: Ein Mensch besaß zwei Taler, während sich neun Menschen acht Taler teilten. Der eine hatte ein wenig mehr, der andere ein wenig weniger. Aber im Großen und Ganzen kam man mit einer Arbeitsstelle aus.

Heute besitzen zwei Menschen sechs Taler und acht Menschen müssen sich vier Taler teilen. Diese Ungleichheit entwickelt sich zunehmend schneller. Viele Menschen, die heute Vollzeit arbeiten, sind nicht mehr in der Lage, ihre Familie zu ernähren und einen akzeptablen Lebensstandard zu halten. Nicht wenige müssen entweder staatliche Hilfe beantragen oder einen Zweitjob finden. Ein Bekannter meines Sohnes (ein fleißiger junger Mann aus einer Einwandererfamilie) hat zu manchem Zeitpunkt vier völlig unterschiedliche Jobs.

Auch hier gilt: wird das Ungleichgewicht zu groß, erhöht sich im gleichen Maße der Drang nach Ausgleich. Dies ufert nicht selten in sozialen Unruhen aus. Soweit mag es vielleicht noch nicht sein, aber zurzeit erleben wir eine deutliche Zunahme der Gewalt auf unseren Straßen. Abgebrochene Glasflaschen, Messerattacken oder einfach nur die blanke Faust. Der Ton ist deutlich rauer geworden. Gleichzeitig sinkt der Respekt gegenüber der Obrigkeit und die staatliche Autorität wird zunehmend als Provokation empfunden.

*

Das, was wir im Kleinen beobachten können, verhält sich auch im Großen so. Das letzte Jahrhundert war geprägt von Kriegen um Ressourcen und nicht wenige von uns dachten, das wäre nun im neuen Jahrtausend vorbei.

Mitnichten.

So wie der Mensch sich als Individuum verändert, so verändert sich auch die Welt als Ganzes. Menschen sind ebenso wie das reine Bewusstsein kollektiv miteinander verbunden und in Hierarchien unterteilt. (Kapitel „Von dem Bewusstsein").

Die Welt gerät zunehmend aus den Fugen, wohin man auch schaut. Epidemien, Kriege, Konflikte, Zusammenbruch der Wirtschaft, ausgelöst durch die Gier weniger Individuen. Gemeinschaften wollen nicht mehr in größeren Gemeinschaften aufgehen oder ein Teil eines Bunds sein, sondern sich separieren, da man alleine besser zu stehen glaubt - ebenfalls ein globales Phänomen. Nationen stocken ihre Rüstungsausgaben auf und erhöhen die Einsatzbereitschaft ihres Militärs. Konflikte werden zunehmend verdeckt oder offen mit Gewalt ausgetragen.

Das, was ich in meinem ersten Buch „Die Wand" nannte, kommt unaufhaltsam und mit zunehmender Geschwindigkeit näher.

*

Der Mensch kann nicht anders und das, was irgendwann einmal vor 580. 000. 000 Millionen Jahren mit der kambrischen Explosion begann, muss irgendwann einmal zu seinem vorbestimmten Ende kommen. Die „Krone der Schöpfung" hat ihren Namen nicht von ungefähr, stellt sie doch die letzte materielle Entwicklungsstufe des Schöpfungsplanes dar.

Bevor wir dieses Ziel erreichen, wird es noch einmal zu einem exzessiven Gewaltausbruch und großen Umwälzungen kommen. Ob diese nun unmittelbar bevorstehen oder wir alle noch einmal „die Kurve kriegen", kann ich nicht sagen. Eintreten wird es allerdings, dessen bin ich mir sicher. Es bedarf nur der notwendigen kritischen Masse.

Freiheit

Benötigt der Mensch tatsächlich alle Errungenschaften und Regelungen unserer Zeit?

Schon die Ureinwohner Amerikas waren fassungslos, als Sie sahen, dass der weiße Mann Besitz vom Land nahm. Wie konnte irgendjemand Land nehmen oder besitzen und auch noch Geld verlangen, nur weil man auf dem Land, das doch jedem und keinem gehört, seine Wohnstatt errichten wollte?

So wie mit dem Land, so ist es mit allem anderen auch: die Luft, das Wasser. Von allem wurde Besitz ergriffen, um es zu kapitalisieren.

Mit steigenden Bevölkerungszahlen wurden analog dazu zunehmend mehr Regeln des Zusammenlebens erstellt und durchgesetzt. Geld wurde zum „Mittelpunkt" unseres Lebens. Ein jeder wurde und wird so erzogen, dass er gar nicht anders kann, als zu glauben, dass er in einem gesetzlosen Raum vielerlei Gefahren ausgesetzt ist, ja, er gar sterben kann und er ohne Geld verhungern und obdachlos wird.

Ganz zu schweigen vom anerzogenen Status quo: Hast du was, bist du was!

Ein weiterer Auswuchs des vorherrschenden (egoistisch ausgelegten) Systems ist die permanente Angst, weniger zu bekommen oder zu besitzen als der andere. All das, worauf unser System beruht, lässt sich mit Angst und Habgier zusammenfassen. Sie sind die Grundlagen, anhand deren Meinung - und Werbung - gemacht und Menschen in der Spur gehalten werden.

Wir alle haben tief in uns den Wunsch verankert, selbstbestimmt durch das Leben zu gehen. Diese Selbstbestimmtheit ist verbunden mit dem unterschwelligen Drang zurückzukehren. Heimzukehren zu dem Zustand, von dem wir vor Äonen zusammen mit dem materiellen Universum aufgebrochen sind, um uns mit diesem zusammen zu entwickeln, dabei Erfahrungen zu sammeln und so Reife und Wachstum zu erfahren. Der Wunsch nach Selbstbestimmung ist Ausdruck des freien Willens unseres wahren „Ichs" und daher auch in uns latent vorhanden.

Selbst der Wunsch, etwas anderes zu besitzen, rührt daher. Wir sind viele, im Gesamten jedoch betrachtet sind „wir" ein einziges Bewusstsein. Wir haben ständig den Wunsch zurückzukehren, um uns wieder mit uns selbst zu vereinigen. Ein wichtiger Impuls, da wir uns ohne ihn nicht auf die Suche begeben würden und Gefahr liefen, uns zu verlieren. Wie Sie bereits wissen, ist der Gottesfunken (im Osten Atman genannt, auch die Seele oder „Das, was beobachtet") in allem, was ist, denn alles ist „Gott". Wollen wir etwas besitzen, ist das schlicht und ergreifend der Wunsch, uns wieder mit uns selbst zu vereinigen.

In unserem Kulturkreis ist der Gedanke weit verbreitet, dass wir freie Menschen sind.

Das sind wir aber nicht wirklich, wir sind „Sklaven" unseres Systems:

- Sind wir angestellt, arbeiten wir fremdbestimmt.
- Sind wir Arbeitgeber, werden wir indirekt durch unsere Angestellten fremdbestimmt, denn wir sind für diese in einem gewissen Maße verantwortlich. Zudem bestimmt der Profit unser Handeln.
- Die Illusion und Macht des Geldes sowie des „Habenwollens" hält uns in der Spur.
- Und selbst wenn Sie all das abgelegt haben, leben Sie nach wie vor in einer Gesellschaft, die Sie mit Ihren Gesetzen und Regeln auf Kurs hält. Diese machen Sie zu einem Teil des Systems.

*

Es gibt Statistiken, die besagen, dass in den ersten drei Jahren nach Zurruhesetzung überproportional viele Menschen sterben. Der Grund ist so einfach wie naheliegend. Mit der Rente wurde den Menschen ihr Lebensinhalt genommen. Sie waren zeitlebens ein Zahnrad im System, das nun ausgesondert wurde.

Der Sinn des Lebens ist es nicht, „im System zu funktionieren", sondern sein wahres Ich zu erkennen und zu realisieren. Hat man sein wahres „Selbst" erkannt, wird das Ego entlarvt. Dann ist Arbeit nur etwas, das man macht, um zu leben und nicht umgekehrt. Ich habe mich einmal in einer Großstadt neben einen Menschen gesetzt, der um Almosen bettelte. In dem Moment, als ich das tat, passierte etwas sehr Seltsames. Ich verließ meine systematisch aufgebaute Welt der Regeln und Gesetze und stand bzw. saß plötzlich außen vor. Und damit nicht genug: Die Welt nahm mich nicht mehr wahr. Wären Freunde oder Verwandte an mir vorbeigegangen, sie hätten mich nicht erkannt.

Ich empfand ein befreiendes und glückliches Gefühl.

Natürlich habe ich leicht reden, ich brauche ja nur wieder aufzustehen, um in „meine Welt" zurückzukehren. Das stimmt. Trotzdem hatte ich nicht das Gefühl, dass der Mann leidet, getrieben oder neidisch auf uns „wohlhabende Menschen" war. Ihm gefiel das Leben, so wie er es führte. Es ist ein weit verbreitetes Klischee, dass diese Menschen allesamt alkohol- und drogenabhängig und dabei noch zutiefst depressiv seien, da sie unsere Gesellschaft verlassen mussten. Natürlich gibt es auch diese, aber bei Weitem sind nicht alle so.

Ich möchte hiermit keinesfalls zur Anarchie aufrufen. Regeln in einer Gemeinschaft sind wichtig, aber müssen es so viele sein? Ich kann mich an eine Stelle im Alten Testament erinnern, da war die Rede von 10 Geboten - die haben es damals auch getan.

Eigentlich bedarf es nur eines einzigen Gesetzes: Liebe Gott über alles und deinen Nächsten wie dich selbst.

*

In meinem Buch DEdjW im Kapitel „Von falschen und wahren Propheten" konnten Sie bereits einiges darüber lesen, wie es mit uns weitergeht und welchem Ziel wir alle untergeordnet sind. Deshalb möchte ich mich hier nicht umfassend wiederholen. Nur so viel: Nicht wir Menschen werden „aufsteigen". Es wird sich vielmehr anders herum verhalten: Das Jenseits wird zum Diesseits und wir werden „herabsteigen" und diesen uns anvertrauten Planeten eines Tages aus den energetischen Welten heraus übernehmen. Wir werden das tun, sobald wir die nötige Reife und Einsicht gewonnen haben. Es wird auch dann sicher noch materielle Formen geben; diese werden aber nur noch von untergeordneter Bedeutung sein.

AUSSICHTEN

Nicht nur der Mensch verändert sich. Auch unser Planet verändert die auf ihm herrschenden Bedingungen.

Die Klimarekorde überholen sich fast täglich selbst und das Wetter wird zunehmend extremer, die damit einhergehenden Naturkatastrophen auch. Das Jahr 2014 war das wärmste seit Aufzeichnung der Wetterdaten in Deutschland. Weltweit waren extreme Temperaturunterschiede und -schwankungen zu beobachten. So war der November in den USA der kälteste Monat seit Aufzeichnung der Wetterdaten.

Das Klima gerät zunehmend aus den Fugen. Erklärungsversuche wie der Treibhauseffekt oder oberflächlich herangezogene Begründungen, wonach „der Klimawandel" die Ursache sei, greifen deutlich zu kurz.

Im November wurde eine Studie veröffentlicht (Axel Timmermann, University of Hawaii), in der ein rasanter Anstieg der Oberflächentemperatur der Ozeane beschrieben wurde.

„Rasant" in dem Sinne, dass nach jahrelanger Stabilität der Oberflächentemperatur der Ozeane, ausgehend vom Nordpazifik, diese sich nun auf ein Rekordhoch in 2014 erwärmt haben: ein Anstieg der Temperatur im Mittel um 0,7 Grad gegenüber dem Vorjahresmonat alleine im September. Das erscheint zwar gering, hat aber massive Auswirkungen auf unser Klima.

Vielleicht denken Sie nun, dass wir damit die Ursache für unser extremes Klima gefunden haben. Dem ist aber nicht so, da wir die weiteren ursächlichen Gründe dieser „Kausalkette" nicht kennen.

Unsere Forschung wird ebenfalls nicht so schnell herausfinden, was es damit auf sich hat. Dazu fehlt das Geld bzw. das wirtschaftliche Interesse und somit der Wille. Hinzu kommt die fehlende technische Befähigung. Wir haben einen Punkt erreicht, an dem wir mehr über den Weltraum wissen als über das Innere unseres eigenen Planeten oder die Tiefen unserer Ozeane.

Sicher, vieles lässt sich ableiten und ist zwingend logisch (oder unlogisch ...), aber dennoch ist es erstaunlich, wie oft die Forschung erstaunt und überrascht ist, wenn sie neue, bislang unbekannte Daten aus den Ozeanen oder den Tiefen unseres Planeten erhält.

Wussten Sie, dass die tiefste, jemals durchgeführte Bohrung in die Erdkruste hinein in den 70er Jahren auf der Insel Kola in Russland durchgeführt wurde? Damals gelang es, bis zu einer Tiefe von 12262 Metern vorzustoßen. Überrascht war man damals wegen der gemessenen Temperatur von 210 Grad in 10 km Tiefe. Tiefer ist man nie gekommen.

Wir kratzen an der Oberfläche unseres Planeten, mehr nicht.

Wir wissen einiges über unsere Ozeane, aber dieses Wissen nimmt mit jedem Meter, den wir in die Tiefe gehen, fast schon zum Quadrat ab. Normale U-Boote - nur um ein Beispiel zu nennen - erreichen gerade einmal Tiefen von etwas mehr als 200 Metern. Natürlich, es gibt Tiefsee-U-Boote und Sonden, aber bei Weitem nicht genug. In jedem Fall zu wenig, um die Ozeane umfassend und - im wahrsten Sinne des Wortes - „tiefgehend" zu erforschen.

Und bevor Sie jetzt sagen „Die Natur schlägt zurück!", sollten Sie für einen Moment in sich gehen und überlegen, wer oder was denn eigentlich „die Natur" ist.

Sie ist doch nur ein weiterer Platzhalter für „Alles, was ist, war und immer sein wird" oder "Gott", wenn Sie so wollen. Dieses schließt alle bekannten und vor allem unbekannten Naturgesetze sowie uns Menschen mit ein. Wir stehen nicht außen vor, sondern sind mitten drin. Auch wir sind „Natur".

Ob wir in der Lage sind, unseren Planeten nachhaltig zu zerstören? Ich glaube nicht, da dieser in Jahrmillionen „atmet" und uns schnell vergessen haben wird.

*

Wir leben mit unserem Planeten, ob wir das nun wollen oder nicht. Vieles ist erklärbar, aber bei Weitem nicht alles. Eine Umkehr unserer magnetischen Pole (Polumkehr oder Umpolung) ist ein Ereignis, welches, wenn auch in großen Zeitabständen, wissenschaftlich gesichert regelmäßig stattfindet. Das letzte Mal war das vor etwa 750.000 Jahren der Fall und eigentlich ist der nächste seit Jahrtausenden, wenn nicht gar seit Jahrhunderttausenden überfällig. Das beruhigt erst einmal, denn ein Wegfall, bedingt durch eine Polumkehr, ist für biologisches Leben nicht ungefährlich, schützt das Magnetfeld uns doch vor der harten Strahlung des Alls.

Allerdings - und auch das sollten wir nicht aus den Augen verlieren - wird eine erneute Polumkehr stattfinden. Ob zu unseren Lebzeiten? Keiner weiß es, wahrscheinlich aber nicht.

Aber: Unser „Dynamo" scheint anzufangen, unruhiger zu laufen. Die vulkanischen Aktivitäten auf unserem Globus haben in den letzten Jahren ungewöhnlich stark zugenommen. Überregionale Studien dazu gibt es leider nicht. Falls Sie eine kennen, lassen Sie es mich wissen.

Ich gehe davon aus, dass es einen direkten Zusammenhang mit dem Elektromagnetismus, der dunklen Energie (Fußnote), der dunklen Materie und den jenseitigen Welten gibt.

Fußnote – Bezug: DEdjW Kapitel: „Materie und Energie"

Mit uns noch unbekannten Wirkungsmechanismen greifen diese Kräfte in die Ordnung ein, schaffen, trennen und erhalten Hierarchien und Räume. Darüber hinaus führen die Kräfte Veränderungen durch individuelle Eingriffe in die Materie herbei (Kapitel „Von der Materie").

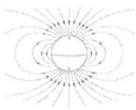

DIE DREITÄGIGE FINSTERNIS

In vielen Prophezeiungen wird von einem Ereignis gesprochen, welches Veränderung und einen Neubeginn herbeiführt. Allgemeingültig wird hier von einer dreitätigen Finsternis gesprochen, welche die Nordhalbkugel, wenn nicht sogar den gesamten Globus umfasst. Sie wurde auch in Verbindung mit dem 21.12.2012 wieder belebt, trat aber nicht ein. Da sie im Netz vielfach besprochen *und* direkt oder indirekt in vielen Prophetien in Verbindung mit der Endzeit gebracht wird, möchte ich diese ein wenig für Sie ausleuchten. Vorab: Es gibt keine genauen Angaben, wann diese eintreten wird und was sie auslöst. Das sie aber eintreten wird, halte ich allein schon wegen der Vielzahl der Quellen und der damit verbundenen Übereinstimmungen für wahrscheinlich.

Die dreitägige Finsternis markiert das Ende eines Abschnitts. Da jedes Ende gleichzeitig auch einen Anfang darstellt, steht sie auch für den Beginn einer neuen Epoche. Es wird zwar häufig mit der Endzeit in Verbindung gebracht, die Finsternis ist aber nicht das, was einige Religionen „Das Jüngste Gericht" nennen. Es ist ein kosmisches Ereignis, das so gravierend und einschneidend für das Menschengeschlecht sein wird, dass es bereits seit Jahrtausenden vorhergesagt wird.

Wahrscheinlich wird es ausgelöst durch ein kosmisches Objekt, welches bereits seit Millionen von Jahren Richtung Erde unterwegs ist, welches wir aber erst unmittelbar vor Eintritt der Katastrophe wahrnehmen werden. Der Raum ist zu groß, als das er beständig und lückenlos von uns überwacht werden könnte. Oft sind es Hobbyastronomen, die Veränderungen entdecken und melden.

Vielleicht ist das auch gut so, denn abwenden können wir es so oder so nicht. Tröstlich in diesem Zusammenhang ist, dass es nicht das Ende der Menschheit darstellt, sondern nur einen Neubeginn.

*

Vorhersagen sind genauso möglich wie Rückschauen. Wie Sie in vorangegangenen Kapiteln bereits lesen konnten, ist jedwedes Objekt in der Raumzeit nicht drei-, sondern vierdimensional und besteht aus Breite, Höhe, Tiefe und der Zeit.

Von außerhalb der Raumzeit betrachtet existiert unser Planet und unser Universum und alles, was mit ihm verbunden ist, in nur einem einzigen Moment und das mit all seinen Möglichkeiten. So ist es also „Außenstehenden" sowie Sehern, die unter uns sind, durchaus möglich, die Erde in ihrer „Ganzheit" (4D) zu sehen und somit auch Zukünftiges zu erkennen.

Es gibt viele verschiedene Wege Richtung Zukunft, die allesamt parallel zueinander verlaufen. Die dreitägige Finsternis hingegen scheint ein Ereignis zu sein, das immer erreicht wird. Ein unausweichlicher Knotenpunkt.

*

Vorhergesagt wurde sie, direkt oder indirekt, im Besonderen von:

- Die Offenbarung des Johannes (ca. im Jahr 60-70 n. Chr.)
- Das Markusevangelium
- Der Hadith (um 800)
- Alois Irlmayer (ca 1950)
- Jakob Lorber (1850)
- Pater Pio (Italien, um 1940 -1950)
- Edgar Cayce (1932) – Sagte den Polsprung voraus.
- Hepidanus von St. Gallen (1010-1088)
- Die Überlieferungen/Prophezeiungen der Hopi Indianer
- Uvm.

Insgesamt gibt es in der Prophetie eine Vielzahl (etwa 30) von Sehern oder Völkern, welche dieses Ereignis explizit und übereinstimmend vorhersehen.

- Diese Prophezeiung beinhaltet weitestgehend folgende Details:
- Die Sonne wird schwarz (verdunkelt sich).
- Absolute Dunkelheit durch eine schwarze Wolke, die drei Tage lang keinerlei Licht durchlässt.
- Keine Elektrizität, Maschinen funktionieren nicht mehr.
- Menschen im Freien werden sterben.
- Aufhebung der Grenzen zwischen den einzelnen Realitäten (Dimensionen).

- Die Sterne werden vom Himmel fallen.
- Eine deutlich geschrumpfte Menschheit im Anschluss.
- Wiederentdeckung der Spiritualität und eine Einheitskirche im Anschluss an das Ereignis.
- Es wird einen Polsprung geben und die Sonne geht nach dem Ereignis im Westen auf.
- Es findet statt, während ein großer Krieg in Europa sowie im Nahen und Mittleren Osten stattfindet.

Ankündigungen:

- Ein roter Punkt („Drache", Stern, Planet, Himmelskörper, Blutmond) erscheint am Himmel.
- Zuvor nehmen die bewaffneten Konflikte weltweit zu, es kommt zu vermehrter Gewalt, Seuchen und Hungersnöten.
- Geld verliert an Wert und es kommt weltweit zu Wirtschaftskrisen.
- Das aufgebrachte Volk geht auf die Straße, um gegen die Obrigkeit zu protestieren.
- Das Klima verändert sich und wird instabiler. Vulkanische und seismische Aktivitäten nehmen zu.

Aufhebung der Grenzen

In den Prophetien wird davon gesprochen, dass Geister und „furchterregende Kreaturen" Einzug halten werden.

Das erscheint möglich, und zwar dann, wenn sich tatsächlich die gesetzten Grenzen (siehe Kapitel „Das Feld") zwischen den Realitäten durch eine Polumkehr kurzzeitig auflösen und durchlässig werden.

Da das Erdmagnetfeld während einer Polumkehr zusammenbricht, fehlt eine Ordnungskraft, welche die Bereiche trennt. So gesehen, ist es durchaus möglich, dass Menschen in andere Realitäten portiert werden. Umgekehrt gesehen wird es sehr viel „andersartiges Bewusstsein" in unserer Realität geben.

Realitätstrennung?

Wir befinden uns im selben Raum mit einer fast endlosen Anzahl an Realitäten. So gibt es Sie zum Beispiel in allen nur denkbaren Variationen. Auch gibt es eine Realität, in der gerade eine Horde Saurier ein rituelles Fest in Ihrem Wohnzimmer veranstaltet. Wie ist das möglich? Ein gewisser Meteorit hat die Erde vor einigen Millionen Jahren nicht getroffen und die Echsen haben sich zur Krone der Schöpfung entwickelt. Ein Ziel, das im Universum überall und immer - und immer wieder - erreicht wird. Die Krone ist immer die letzte Stufe des Bewusstseins in materieller Form.

Die Sonne geht im Westen auf

Es wird beschrieben, dass die Sonne im Anschluss an die dreitägige Finsternis im Westen aufgehen wird und die Sterne (bei Beginn) vom Himmel fallen werden.

Letzteres könnte eintreten, wenn unsere Erde (Achse) sich um 180 Grad im Raum „schnell" verändert. Dies wäre, bedingt durch eine Veränderung des Erdmagnetfeldes, vorstellbar. Das Magnetfeld der Erde ist eingebettet in Felder der Sonne, mit welchen es interagiert (zum Beispiel: Gravitative und magnetische Felder). Verändert sich zum Beispiel das Feld der Erde durch eine Polumkehr, so könnte dies ein Phänomen einleiten, bei dem die Erde im Raum kippt. Behält die Erde ihre Eigenrotation, ihre Achsneigung von dann 23,5 Grad (derzeitige Neigung) plus 180 Grad und ihre Präzision (Fußnote) bei, dann würden die Sterne tatsächlich so aussehen, als würden diese vom Himmel fallen. Zukünftig würde die Sonne auf der genau gegenüberliegenden Seite (aus Sicht des Beobachters) im Westen aufgehen.

Fußnote: Die Präzision (Taumelbewegung der Erde, siehe auch rotierender Kreisel) beschreibt die Richtungsänderung der Rotationsachse der Erde. Für einen vollständigen 360-Grad-Umlauf benötigt sie 28500 Jahre und wandert dabei durch die „Tierkreiszeichen". Ein vollständiger Umlauf wird auch „Platonisches Jahr" genannt. Zurzeit steht die Achse im Tierkreiszeichen „Fisch".

Nachdem die Erde sich stabilisiert hat, würde fortan die Sonne also im Westen aufgehen und folgerichtig verändert sich dabei auch das Klima, da sich nun die Hemisphären (Nord-Süd) umgekehrt haben, immer unter der Voraussetzung, dass die Eigenrotation beibehalten wurde. Wir würden Weihnachten dann zukünftig im Sommer feiern und im Juni unseren Winterurlaub verbringen (so in etwa). Sollte sich zudem die Rotationsachse verändern und diese sich weiter in eine Senkrechte bringen, so würde das Klima bei uns fortan auch stabiler sein, etwa wie in Äquatornähe. Dort allerdings würde es ziemlich heiß werden, da kaum noch eine Abkühlung erfolgt.

Solch eine gravierende Veränderung geht allerdings nicht ohne massive Konsequenzen einher.

Durch die Eigenrotation der Erde wird diese - einem Kreisel gleich - stabilisiert. Die benötigte Kraft, um die Erde zu kippen, wäre aus diesem Grunde enorm. Selbst der Asteroid, der zwar die Ursache für das Aussterben der Saurier vor 65 Millionen Jahren war, hatte keinerlei Auswirkungen auf die Lage, Rotation oder Geschwindigkeit unseres Planeten.

Ein schnelles Kippen in Minuten aufgrund der dafür notwendigen Kräfte führt somit unausweichlich zu katastrophalen Auswirkungen.

Die Kontinentalplatten - da schwimmend gelagert - würden sich verschieben, Tsunamis würden über die Ozeane rasen, verheerende Stürme würden sich entwickeln und es käme zu massiven Vulkanausbrüchen. Genau diese Auswirkungen werden auch von den Prophetien (insbesondere von Edgar Cayce) vorhergesagt. Ganz zu schweigen von dem Verhalten unseres Mondes im Falle einer solchen Katastrophe.

Nachdem die Erde sich dann stabilisiert hat, würde fortan die Sonne tatsächlich im Westen aufgehen und folgerichtig würde sich dabei auch das Klima verändern, da sich die Hemisphären (Nord-Süd) umgekehrt hätten. Sofern es noch Menschen gibt, die das erleben können.

Schaut man in die Prophetien, dann wird zumindest das vorhergesagt. Es wird Überlebende geben und es folgt eine Zeit der Blüte.

Eine Umkehr der Rotation oder das Kippen eines Planeten ist, im Übrigen, kein seltenes Phänomen. So rotiert zum Beispiel die Venus entgegengesetzt zu allen anderen Planeten. Für einen Beobachter auf der Venus würde die Sonne im Westen auf- und im Osten untergehen. Der Neptun, als ein weiteres Beispiel, liegt auf der Seite. Das würde zu Tages- und Nachtlängen sowie Jahreszeiten führen, wie wir sie nur von den Polregionen her kennen. Die jeweilige „natürliche" Rotationsrichtung eines Planeten ist dabei aber kein Zufall, sondern unterliegt der Himmelsmechanik. So laufen die Planeten eines Systems rechtläufig oder prograd, gleiches gilt für deren Rotation. Sie folgen der Rotationsrichtung ihres Sterns.

Die Frage die bleibt ist: Was hat dazu geführt, dass diese beiden Planeten anders rotieren als der Rest?

Ein plötzlicher Stopp unserer Erde mit anschließender Umkehr der Eigenrotation - zum Beispiel durch Einschläge von Asteroiden oder Kometen - ist als Ursache („Die Sonne geht im Westen auf") auszuschließen. Wir drehen uns mit einer Geschwindigkeit von 1670 km/h um die eigene Achse. Bei einem Stopp würde ausnahmslos alles auf unserem Planeten durch die „Masseträgheit" der Materie hinweggefegt werden.

Zudem würde ein Einschlag nicht zu einer sofortigen Finsternis führen, sondern diese würde sich über Wochen aufbauen und würde Monate, wenn nicht Jahre benötigen, um sich wieder zu legen. In den Prophezeiungen ist aber ausdrücklich von einer drei Tage andauernden Finsternis die Rede.

Die benötigte Aufprallenergie, um unseren Planeten kippen zu lassen oder ihn zu einem Stopp seiner Rotation zu bringen, muss um ein vielfaches höher sein als die Aufprallenergie des Asteroiden, der vor 65 Millionen Jahren zum Aussterben der Saurier geführt hat. Ein Asteroid oder Komet kommt dafür aller Wahrscheinlichkeit nach nicht in Frage, es sei denn die Geschwindigkeit wäre entsprechend hoch. Es bedarf schon der Masse eines Planeten, welcher uns direkt trifft, um das zu bewirken. Dieser würde aber nicht nur die Erde zum Kippen bringen und Ihre Rotation beeinflussen. Er würde die Erde vollständig vernichten.

Und das wird nicht passieren. Zum einen wird es nicht vorhergesagt und zum anderen ist der Raum so gewaltig, dass Kollisionen von Planeten oder Sternen weitestgehend ausgeschlossen werden können. Allerdings können uns Ihre „Kräfte" gefährlich werden; diese wirken über viele Lichtjahre: Kräfte wie die Gravitation, der Magnetismus, aber auch Kräfte und Felder, die wir noch gar nicht kennen.

Ein Beispiel: Die Gravitation, das Magnetfeld und uns noch unbekannte Felder der Sonne (von Sternen) interagieren mit dem gesamten Sonnensystem (daher ja auch der Name), welches insgesamt einen vermuteten Radius von 100.000 AEs (Astronomische Einheiten - Fußnote) hat. Die Oortsche Wolke, dazu gleich mehr, grenzt unser System ab und verdeutlicht durch ihre perfekte Kugelform, die Wirkung der Sonne auf sehr große Entfernungen über „nicht sicht- und greifbare" Mechanismen auf ihr gesamtes System.

Fußnote: Eine (1!) AE entspricht dem mittleren Abstand des Erdmittelpunkts vom Zentrum der Sonne, also vereinfacht, der Abstand der Erde von der Sonne. Der Rand unseres Systems ist also 100 000 Mal weiter von der Sonne entfernt, als unsere Erde. Das sollte Ihnen eine Idee geben, wie weit die Sonne ihr System beeinflusst.

*

Ein Himmelskörper auf Kollisionskurs, der sich beim Eintritt in die Atmosphäre vollständig zerlegt, könnte ebenfalls den Eindruck von fallenden Sternen erwecken. Da er, je nach Größe und Beschaffenheit, eine Vielzahl an „Sternschnuppen" hervorbringen könnte, die beim Eintritt in die Atmosphäre verglühen. Diese würden ebenfalls wie „fallende Sterne" aussehen.

Auch könnte so ein Phänomen (wenn auch sehr unwahrscheinlich), bei ausreichender Masse, Material in die Atmosphäre bringen, um so eine Verdunkelung herbeizuführen. Dazu aber gleich mehr.

Das Auftauchen eines neuen Objektes am Himmel

Möglich wäre eine externe Kraft als Auslöser der dreitägigen Finsternis, ausgehend von einer Sonne oder einem Planeten, welcher uns mit großem Abstand streift. Solche „Streuner", die zu keinem System gehören, gibt es unzählige in unserer Galaxie und sie alle bewegen sich mit hohen Geschwindigkeiten durch den Weltraum. Sie wurden durch die „Kollision" (eine Vermengung) von Sternensystemen, die insbesondere im Zentrum unserer Galaxie eng gedrängt sind, hinauskatapultiert und auf eine Reise geschickt, die sie eines Tages aus unserer Galaxie befördern wird. Erst vor kurzem, im März 2015, wurde ein Stern entdeckt, der mit einer Geschwindigkeit von 12 000 Kilometern pro Sekunde (!), dabei ist unsere Milchstraße zu verlassen. Zum Vergleich: Ein Mondfahrer wäre mit dieser Geschwindigkeit in 5 Minuten am Ziel.

Wie entstehen solche „Streuner"?

Vermengen sich zwei Sternensysteme - eine direkte Kollision ist aufgrund der Weite des Raumes sehr unwahrscheinlich -, dann fangen sich die massereichsten Objekte gegenseitig durch die Gravitation ein und beginnen einen „Tanz", bei dem sie sich gegenseitig umkreisen. Nun gibt es drei mögliche Verläufe:

1. Die Umlaufbahnen stabilisieren sich und das System wird zu einem Mehrsternsystem.
2. Der massereichere Stern übernimmt die Masse des eingefangenen Sterns und „absorbiert" ihn.
3. Die Umkreisungen der Sterne erfolgen immer schneller, bis ein Stern durch seine Geschwindigkeit „Fluchtgeschwindigkeit" erreicht und ausreißt. Er wird aus dem System katapultiert. Die benötigte Geschwindigkeit, die benötigt wird, um der Gravitation des „Partnersterns" zu entkommen, muss dabei sehr hoch sein. Diese hohe Geschwindigkeit wird im Raum beibehalten. Dieses kann jedem kosmischen Objekt widerfahren: Planeten, Sonnen, aber auch Schwarzen Löchern.

Bild zu 2.: Ein Neutronenstern und eine „eingefangene" Sonne umtanzen sich. Der Neutronenstern, da massereicher, übernimmt Materie von dem eingefangenen Stern. Durch den hohen Drehimpuls des Neutronensterns wird zudem Masse nach oben und unten in die Weite des Alls geschleudert. Zum Vergleich: Ein Kubikzentimeter der Art von Materie eines Neutronensterns hat etwa die Masse eines Eisenwürfels von 700 m Kantenlänge. Bild - Quelle. Special thanks to NASA JPL

In aller Konsequenz wäre es demnach auch denkbar, dass uns ein Schwarzes Loch zu nahe kommt. Dabei reicht es völlig aus, wenn es uns weit außerhalb unseres Systems streift. Seine gravitativen Kräfte würden sich - je nach Größe - bemerkbar machen, selbst wenn es noch Lichtjahre entfernt ist. Ein Eindringen eines solchen „Schwarzen Sterns" in unser Sonnensystem kann allerdings weitestgehend als Ursache der dreitägigen Finsternis ausgeschlossen werden, da ein Schwarzes Loch unser System absorbieren und somit vernichten würde.

Ebenfalls denkbar wäre eine kosmische „dunkle" Wolke, die mit einem Vorbeizug einhergeht und die Erde oder Teile von ihr einhüllen könnte. Es könnte sich sogar um die sogenannte Dunkle Energie / Materie (Fußnote) handeln, die uns da einhüllt. Unterliegt so eine sichtbare Wolke zudem *nicht* der Gravitation oder dem Elektromagnetismus (eigentlich nicht vorstellbar), so würde unser Sonnensystem sie nicht verdrängen (Elektromagnetismus), sondern sie nur durchlaufen ohne Teile der Wolke, bedingt durch die Schwerkraft (Gravitation) „mitzunehmen". Unser Sonnensystem „rast" mit einer Geschwindigkeit von 973 000 km/h um den Mittelpunkt unserer Galaxie, Sagittarius A.

Und wir mit ihm.

Fußnote – Bezug: DEdjW Kapitel: „Wenn wir sterben" sowie „Materie und Energie"

*

Die meisten Systeme in unserer Galaxie sind Doppel- oder Mehrfachsternsysteme (60-70%), Einzelsysteme sind die Ausnahme.

Und somit ist ein Partnerstern unserer Sonne ebenfalls als Ursache denkbar. Eine nicht entzündete Sonne (ein „ultrakühler" Brauner Zwerg) zum Beispiel, ist nur schwer zu orten, dabei aber sehr massereich. Dieser würde bei einer entsprechend hohen Umlaufzeit und Geschwindigkeit erst spät erkannt werden.

Erreicht er uns aber schließlich, werden seine Gravitation und Felder die Erde bereits beeinflussen, bevor er optisch gesichtet werden kann. Der Name eines Braunen Zwerges ist Programm, er ist unter bestimmten Umständen, nicht sichtbar.

Braune Zwerge, Größenvergleich. Quelle: MPIA/V. Joergens - First published in "Joergens, Viki, 50 Years of Brown Dwarfs - From Prediction to Discovery to Forefront of Research, Astrophysics and Space Science Library 401, Springer, ISBN 978-3-319-01162-2.

Die Umlaufzeit eines solchen nicht sichtbaren Sterns kann Jahrtausende betragen, je nachdem, wie weit er auf seiner elliptischen Bahn um die Sonne ausholt. Tritt er aber wieder in das Innere des Systems ein, beeinflusst er beim Durchlaufen der Oortschen Wolke, des Kuiper- oder Astoridengürtels, Himmelskörper durch seine Gravitation und kann so auch Asteroiden und Kometen in das Innere unseres Systems auf die Reise schicken.

Das alles ist, so ähnlich, schon mindestens einmal passiert.

Mit einer Entfernung von 0,8 Lichtjahren ist vor 70.000 Jahren ein Roter Zwerg (siehe Abbildung „Braune Zwerge") an unserem Sonnensystem vorbeigeflogen.

Man kenne keinen anderen Stern, der dem Sonnensystem je näher gekommen sei, schreiben die Wissenschaftler in der Fachzeitschrift "Astronomical Journal Letters" im Februar 2015.

Der nach seinem Entdecker benannte Scholz-Stern sei dem Sonnensystem fünfmal näher gekommen als der bislang dichteste Stern mit dem Namen Proxima Centauri. Proxima Centauri ist 4,2 Lichtjahre von der Erde entfernt. Der Rote Zwerg von damals ist heute ca. 20 Lichtjahre von uns entfernt.

Vielleicht war dieser Rote Zwerg sogar die Ursache für das Kippen der Planeten Venus oder Neptun. Wie wir wissen, reichen die Felder von Sternen sehr weit und interagieren mit anderen Himmelskörpern, wie zum Beispiel Planeten.

*

Dass auch ein brauner Zwerg oder uns noch unbekannte Planeten nicht ausgeschlossen werden können, verdeutlicht eine kürzlich, im Januar 2015, vorgestellte These der Complutense Universität von Madrid in Zusammenarbeit mit der Universität Cambridge.

Zwergplaneten, die in den Bereichen der Oortschen Wolke entdeckt wurden, zeigen Auffälligkeiten in ihren Umlaufbahnen. Zudem gibt es dort auffallende Anhäufungen von Objekten an bestimmten Stellen im Raum, wo keine sein dürften.

Vermutet werden unbekannte Planeten oder vergleichbare Himmelskörper, welche die Himmelsmechanik dort entsprechend beeinflussen. Um die beschriebenen Auswirkungen herbeizuführen, müssten diese größer als die Erde, aber kleiner als die Gasriesen unseres Systems sein (... was zunächst einen braunen Riesen ausschließen würde).

Der Astronom Carlos de la Fuente Marcos: "Dieser Überschuss an Objekten mit unerwarteten Orbitalparametern lässt uns glauben, dass unsichtbare Kräfte die Verteilung der transneptunischen Objekte verändern. Die wahrscheinlichste Erklärung dafür ist, dass es noch unbekannte Planeten jenseits von Neptun und Pluto gibt. Die genaue Anzahl ist aufgrund der eingeschränkten Messdaten noch unklar."

Wo kommen Kometen, Asteroiden und Meteore her?

Noch aus den Anfängen unseres Sonnensystems befindet sich ein Gürtel mit einer Vielzahl von Himmelskörpern zwischen den inneren (Merkur, Venus, Erde, Mars) und äußeren Planeten. Dies ist der Asteroidengürtel, der auch Planetoidengürtel genannt wird.

Neben Asteroiden (mehr als 400 000) befinden sich dort noch eine Unmenge von Meteoriden (siehe auch Exkurs Objekte). Aufgrund der hohen Dichte an Objekten kommt es häufig zu Zusammenstößen. Dadurch können Objekte auf Kollisionskurs mit einem Planeten oder Mond gebracht werden.

Die weitaus meisten Himmelskörper befinden sich zusammen mit vielen Zwergplaneten (zum Beispiel Pluto) im Kuipergürtel, welcher unser System ringförmig umhüllt und hinter dem Neptun liegt. Für einen Sonnenumlauf benötigt der Kuipergürtel 100 Erdenjahre. Dies verdeutlicht die gewaltige Entfernung zur Sonne (siehe Grafik).

Dieser Gürtel ist eine Quelle von Kometen, die durch Gravitationseinfluss und/oder Kollisionen Richtung Sonne „geschickt" werden können. Aufgrund der großen Entfernung zur Sonne entsteht so eine langgezogene elliptische Flugbahn, die charakteristisch für Kometen ist.

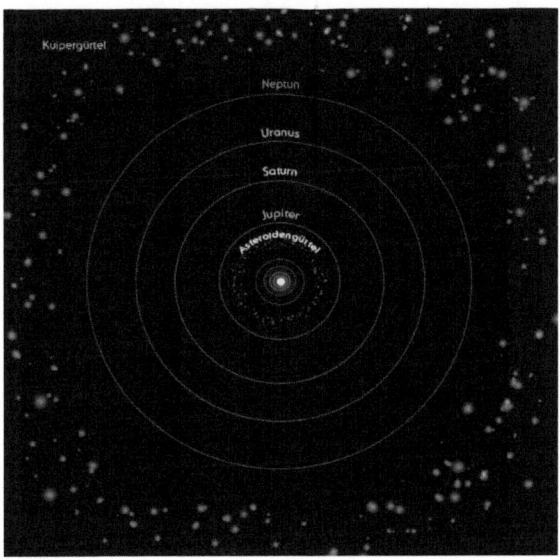

Bild: Kuipergürtel Quelle: http://www.astrokramkiste.de/kuiperguertel. Stand 02.02.2015.

Eine weitere Quelle von Kometen und Asteroiden ist die Oortsche Wolke. Sie umgibt unser Sonnensystem kugelförmig, einer Sphäre nicht unähnlich. Sie befindet sich am Rande unseres Systems und ihre Außengrenze ist etwa 1,6 Lichtjahre entfernt von der Sonne. Zum Vergleich: Der Neptun ist etwa 30 AE (Astronomosche Einheiten) von der Sonne entfernt, der äußere Rand der Oortschen Wolke etwa 100 000 AE. Eine AE ist der mittlere Abstand der Erde zur Sonne.

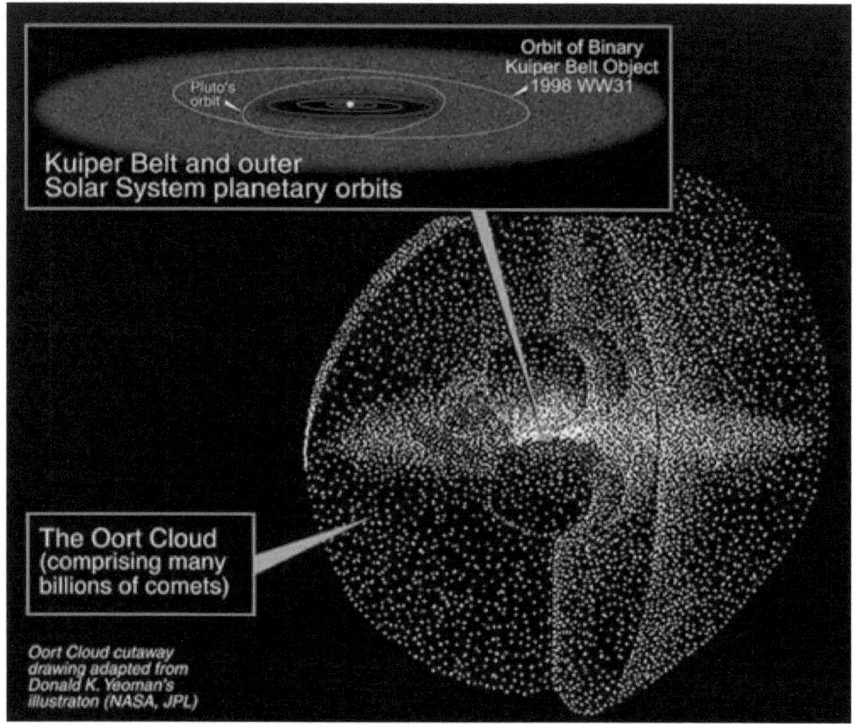

Bild: Oortsche Wolke. Der kleine Punkt in der Mitte stellt dar den Kuipergürtel und die innenliegenden Planeten. Quelle: NASA JPL

Unser System ist also voll von Objekten, die unserem Planeten gefährlich werden können. Es ist dem Jupiter zu verdanken, dass wir uns über so lange Zeit ungestört entwickeln konnten. Er ist sozusagen der Staubsauger im Sonnensystem und zieht Objekte durch seine Gravitation an oder zwingt sie durch seine Gravitation auf einen Weg heraus aus unserem System. So schützt er das Innere des Sonnensystems.

Asteroiden- und Kometeneinschläge sind als Ursache der dreitägigen Finsternis eher unwahrscheinlich, da ihre Auswirkungen sich in Jahren bemessen und nicht in Tagen. Völlig ausgeschlossen werden können sie aber nicht.

Exkurs Objekte

Sterne sind massereiche, selbstleuchtende Himmelskörper aus Gas und Plasma (Sonne). Die meisten Sterne sind Teil eines Doppel- oder Mehrfachsternsystems und verfügen über ein Planetensystem. Der größte uns bekannte Stern ist UY Scuti, ein roter Überriese. Sein Durchmesser ist 1708 x größer als der Durchmesser unserer Sonne und würde in unserem System bis zum Jupiter reichen. (Fußnote).

Fußnote – Bezug: DEdjW Kapitel: "Exkurs: Massereiche Objekte im Universum"

Planeten: Sind groß genug, um über ihre Eigengravitation eine Kugelform auszubilden. Sie haben ihre Bahn um die Sonne freigeräumt und sind keine Sterne.

Zwergplaneten sind kleiner als Planeten. So hat zum Beispiel der Pluto erst vor kurzem seinen Status als Planet verloren und wird nun als Zwergplanet geführt. Sie sind größer als Kometen und Asteroiden und verfügen über genug Masse, um eine Kugelform auszubilden. Im Gegensatz zu den Planeten haben Sie ihre Umlaufbahn nicht von Objekten freigeräumt.

Asteroiden sind kleiner als Zwergplaneten, aber unförmig. Wie Zwergplaneten laufen sie auf einer stabilen Umlaufbahn um die Sonne. Asteroiden sind selten größer als 100 Kilometer. Ihre Zusammensetzung ist unterschiedlicher Natur: Fels, Eis, Staub, Gestein usw. Die meisten befinden sich im Asteroidengürtel.

Kometen sind wie Asteroiden Überreste der Entstehung des Sonnensystems und bestehen aus Eis, Staub und lockerem Gestein. Kometen sind nur wenige Kilometer groß. Sie stammen vom Rand unseres Systems (Kuipergürtel, Oortsche Wolke) und haben daher eine langgestreckte elliptische Umlaufbahn, welche charakteristisch für Kometen ist. Im Zuge dieser elliptischen Umlaufbahn nähern sie sich der Sonne und erzeugen dabei durch Ausgasen eine Koma, welche den Kometen umhüllt. Kometen, die der Sonne relativ nahe kommen, erzeugen darüber hinaus auch einen Schweif, welcher von der

Erde aus sichtbar ist. Dieser wird durch den Strahlungsdruck und den Sonnenwind „weggeblasen", so dass der Schweif - eigentlich gibt es zwei - immer von der Sonne weg in den Raum zeigt. Erst vor kurzem, im November 2014, gelang es der Raumsonde Rosetta, den Kometen Tschurjumow-Gerassimenko zu erreichen und in eine Umlaufbahn um den Kometen einzutreten. Kurze Zeit später wurde der Lander „Philae" von der Sonde auf dem Kometen abgesetzt. Die Landung erfolgte nicht ganz planmäßig und die Position des Landers ist nicht optimal, allerdings konnten bereits 90% der geplanten Experimente durchgeführt und die Daten zur Erde übermittelt werden. Wir dürfen auf die Ergebnisse gespannt sein.

Bild: Komet Lovejoy Aufnahme des Brit. Astronom Nick Howes via Flickr Stream am 18.01.15

Meteoroide sind deutlich kleiner als Asteroiden und haben eine Größe von einigen Millimetern bis zu wenigen Metern. Sie umkreisen die Sonne genauso wie Asteroiden. Da sie aber kleiner sind, können sie auch leichter vom Kurs abgebracht werden, zum Beispiel durch die Gravitation eines Planeten. Täglich dringen etwa 10 Milliarden solcher Kleinstobjekte mit einem Volumen von 1000 bis 10000 Tonnen in unsere Atmosphäre ein. Die meisten verglühen beim Eintritt in unsere Atmosphäre und einige führen zu einer wahrnehmbaren Lichterscheinung, die wir Sternschnuppe nennen.

Meteor ist ein .Meteoroid, der in der Atmosphäre verglüht (Sternschnuppe)

Meteorite sind Meteoroide, die nicht in der Atmosphäre verglüht sind und den Erdboden erreichen.

Planetenkiller: Der Asteroid, der vor 65 Millionen Jahren die Erde traf und die Ursache für das Aussterben der Saurier war, hatte die Größe eines Berges und war etwa 10 bis 12 km groß. Als dieser mit einer Geschwindigkeit von 20 Kilometern pro Sekunde und mit einem Gewicht von 3000 Milliarden Tonnen aufschlug, setzte er die Kraft von etwa einer Milliarde Atombomben frei. Die Erde verdunkelte sich und die Temperatur fiel schlagartig um 10 Grad Celsius. Das Klima hielt sich bedingt durch die Verdunkelung mehrere Jahre und führte zu einer Unterbrechung der Nahrungskette. Alle Lebewesen, die mehr als 25 kg Körpergewicht waren, gingen zugrunde.

*

Gefährlich werden können uns also Asteroiden und Kometen, deren Umlaufbahn die Erde kreuzen, aus welchem Grund auch immer. Im Jahr 2029 wird der Asteroid "Apophis" die Erde nur haarscharf verfehlen. In rund 30.000 Kilometern Entfernung soll er mit knapp 50.000 km/h an uns vorbeischießen. Kosmisch gesehen handelt es sich dabei um einen Streifschuss. Die meisten Himmelskörper, die uns gefährlich werden können, sind uns bekannt. Zumindest glauben wir das.

*

Richard Muller, Physikprofessor in Berkeley, und sein Mitarbeiter Robert Rohde fanden 2006 heraus, dass bei uns auf der Erde alle 62 (plus/minus drei) Millionen Jahre zyklisch ein Massen-Artensterben stattfand. Erklären konnten sie es nicht, sehr wohl aber statistisch darlegen. Obwohl sie eine zweite Sonne (einen Braunen Zwerg) oder einen Planeten mit einer Umlaufzeit von etwa 62 Millionen Jahren für unwahrscheinlich halten, können sie es dennoch nicht ausschließen.

Zuletzt traf es die Saurier vor 65 Millionen Jahren. Der Hypothese folgend, ist ein erneutes Artensterben nun bereits seit einigen Millionen Jahren überfällig oder aber die Datierungen sind unpräzise.

Wie so vieles in unserer Welt (Kapitel „Der Mensch") ist auch dieses Massensterben zyklisch und wiederholt sich regelmäßig. Ob es sich um Asteroiden handelt, die durch die gravitative Auswirkungen eines uns unsichtbaren Himmelskörpers regelmäßig in das Innere unseres Systems geschleudert werden, oder aber ob es sich um etwas handelt, das unser Systems „durchwandert" - wir wissen es nicht.

Auch eine zyklisch auftretende kosmische Strahlung kann nicht ausgeschlossen werden. Zum Beispiel setzen sogenannte Gammablitze in zehn Sekunden mehr Energie frei als unsere Sonne in Milliarden von Jahren. Als vermutete Ursache hierfür werden spezielle Supernovaexplosionen oder die Vereinigung von Neutronensternen angenommen (Siehe auch das Unterkapitel „Wie entstehen solche Streuner?").

So ein Gammablitz ist mit Lichtgeschwindigkeit unterwegs und erreicht uns daher ohne jegliche Vorwarnung. Ist die Ursache Milliarden Lichtjahre entfernt und befindet sich in einer anderen Galaxie, dann erscheint uns dieses Phänomen lediglich als heller Punkt am Nachthimmel, allerdings heller als jeder Himmelskörper aus unserer eigenen Galaxie.

Ist die Ursache aber in unserer unmittelbaren kosmischen Nachbarschaft und somit bis zu 500 Lichtjahre entfernt, so könnte ein „Gamma ray burst" unseren Planeten in Sekunden sterilisieren. Gammablitze, die weiter als 3000 Lichtjahre entfernt ihre Ursache haben, werden als ungefährlich eingestuft. Forscher beobachten zurzeit die Anbahnung einer Vereinigung von Neutronensternen in unserer Galaxie in etwa 10 000 Lichtjahren Entfernung. Diese, so die Vermutung, wird aber erst in einigen Millionen Jahren erwartet.

Diese Art der kosmischen Strahlung ist die stärkste bekannte Energieerscheinung im bekannten Universum und ist noch nicht exakt vorhersagbar (Fußnote). Ein Gammablitz ist zwar selten, steht aber unter dem Verdacht, vor 443 Millionen Jahren zumindest ein Massensterben in den oberen Schichten der Urozeane verursacht zu haben. Landbewohner existierten damals noch nicht.

Fußnote – Ein Beispiel: Eine Supernova, die 2000 Lichtjahre entfernt im Jahr 30 unserer Zeitrechnung stattfand, hat einen Gammablitz hervorgebracht, der uns zwar mit Lichtgeschwindigkeit, aber erst um das Jahr 2030 erreichen wird. Bis dahin sehen wir den Stern noch am Nachthimmel, obwohl er schon lange nicht mehr existiert. Jeder Blick in den Nachthimmel ist also auch ein Blick in die Vergangenheit, da nichts schneller übertragen werden kann als mit Lichtgeschwindigkeit.

Die dreitägige Finsternis findet statt, während ein großer Krieg auf dem Niveau eines Weltkrieges stattfindet

Ein massiver Einsatz von Nuklearwaffen im Weltraum, um einen elektromagnetischen Impuls (EMP Angriff – Fußnote) zu erzeugen, wäre als Auslöser für eine Polumkehr zumindest denkbar. Auch würde so ein EMP den Ausfall von Maschinen und Elektrizität erklären.

Fußnote - EMP Angriff: Ein nuklearer elektromagnetischer Impuls wird indirekt als Folge von intensiver Gammastrahlung in einigen 100 km Höhe über der Erdatmosphäre im Zusammenhang mit dem Erdmagnetfeld in der Atmosphäre durch den Compton-Effekt ausgelöst. Eine solch starke transiente Gammastrahlungsquelle ist derzeit nur durch eine Atomexplosion zu erzeugen. Diese elektromagnetischen Impulse können elektrische und vor allem elektronische Bauteile im Wirkungsbereich im All, aber auch vor allem auf der Planetenoberfläche zerstören.

Fazit

Ob und wann es zu einer kosmischen Katastrophe kommt kann nicht gesagt werden. Sie kann jetzt eintreten oder erst in einigen Millionen Jahren. Vieles spricht aber dafür, dass es eher früher als später stattfinden wird.

Denn auch das ist klar. Eine, wie auch immer geartete, kosmische Katastrophe ist unausweichlich und wird spätestens mit der Supernova unserer Sonne eintreten. Ein Zeitpunkt, zu dem alles und jede menschliche Errungenschaft der Erde in geschmolzener Lava enden wird. Denn so wird unsere Erde aussehen, kurz bevor sie von der Sonne verschluckt wird, eine Kugel aus Lava die mit ihrer Sonne in einer Supernova enden wird.

Die dreitägige Finsternis beschreibt hingegen ein Ereignis in der nahen Zukunft unseres Planeten. Ein Zeitpunkt, der sich wohl eher in Jahrhunderten als in Jahrtausenden bemisst. Es gibt aber keinen Grund deshalb in Angst oder sogar in Panik zu verfallen. Wenn Sie regelmäßig die Nachrichten schauen und sich die Lebenssituation der großen Mehrheit der Erdbevölkerung anschauen, dann wissen Sie was ich damit meine.

Viel schlimmer und trauriger kann es nicht mehr kommen und doch - so fürchte ich, wird der Mensch es schaffen - noch einen „drauf zu setzen".

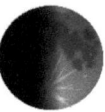

LEBEN IM PARADIES

Eine Kurzgeschichte von Biggi Weber

Baldur und Disir sitzen eines Abends mit ihren beiden Kindern Hugin und Munin am Lagerfeuer und erzählen sich Geschichten. Das Leben der Familie ist geprägt von Liebe und Verständnis, ebenso wie das Leben aller anderen Lebewesen auf dem Planeten Erde.

Baldur hilft gerne den Mitbewohnern der Gemeinschaft bei kleineren Reparaturen. Disir unterstützt Frauen während der Geburt und Stillzeit ihrer Babys.

Das Leben in dieser Gemeinschaft ist geprägt vom bedingungslosen, gegenseitigen Helfen in allen Bereichen. Jeder hilft dem anderen mit den Fähigkeiten, die er selbst am besten beherrscht. Durch diese Zusammenarbeit erhält jeder das, was er braucht und kann das weitergeben, was er selbst am besten kann.

Die Grundbedürfnisse der Lebewesen auf dem Planeten Erde sind nicht allzu groß, denn sie sind alle ununterbrochen mit den energetischen Welten verbunden, welche durch „Liebe" aufrechterhalten bleiben. Die Zellen der Lebewesen benötigen, durch ihren großen Anteil an Feinstofflichkeit, keine materielle Nahrung mehr, sondern werden durch diese Liebe am Leben erhalten und erneuert.

Die Menschen leben in großen Waldgebieten, die sie mit allem Zusätzlichen versorgen, was sie brauchen. Es wachsen dort viele Arten von Kräutern, Obst und Gemüse. Der einzige Gärtner vor Ort ist die Natur selbst.

Die Unterkünfte, in die sich die Menschen zurückziehen, bestehen meist aus ausgewachsenen, lebenden Bäumen, die miteinander durch Holzbretter verbunden werden. Die Äste der Baumkronen werden von den Menschen ineinander verschlungen, so dass sie dicht miteinander verwachsen können. Dadurch fangen sie den Regen ab und spenden in der Mittagssonne genügend Schatten.

Zwischen den dicksten Ästen werden aus Weidezweigen runde Schlafgelegenheiten geflochten, die mit herrlich weichem Moos gefüllt werden. Zum Zudecken werden dünne Decken aus Hanffasern genutzt.

Die wenigen Dinge, die die Menschen benötigen, wie zum Beispiel etwa Kleidung oder Werkzeug, werden einfach an den Ästen der Bäume befestigt.

Da ständig die gleichen angenehm warmen Temperaturen herrschen, benötigen die Menschen kaum Kleidung. Die wenigen Kleidungsstücke, mit denen sie ihre Körper schmücken, gestalten sie selbst aus gewebten Hanffasern.

Jede Familie hat eine eigene Unterkunft für sich. Hier können sich die Familienmitglieder zum Schlafen oder Ausspannen zurückziehen und zusätzlich feinstoffliche Energie von ihren Bäumen tanken.

Die meiste Zeit verbringen die Menschen aber gemeinsam. Sie vertreiben sich die Zeit, indem sie zum Beispiel mit Pflanzenfarben Steine bemalen, Kunstwerke oder Gebrauchsgegenstände töpfern, sich gegenseitig beim Bauen der Unterkünfte oder Schlafplätze helfen oder im nahegelegenen See schwimmen und planschen.

Die Kinder spielen meist mit den wildlebenden Tieren, die alle absolut friedlich und liebevoll sind.

Durch die Verbindung mit den energetischen Welten ist es allen Lebewesen möglich, ihren materiellen Körper zu verlassen und für einige Zeit zu einem anderen Ort auf der Erde oder irgendeinem Planeten in den Multiversen zu reisen. So kann man Freunde und Bekannte besuchen, die an anderen Orten leben oder einfach einige Zeit alleine oder mit der Familie an einem beliebigen anderen Ort verbringen.

Abends trifft man sich mit der Familie oder Freunden am idyllischen Lagerfeuer, um die Ereignisse des Tages oder einfach nur verrückte Geschichten zu erzählen. Dazu werden, aus rein gesellschaftlichen Gründen, kleine vegetarische Speisen gereicht, die allesamt wild wachsen.

Durch die Anbindung an die energetischen Welten sind auch viele Menschen fähig, per Gedankenübertragung mit lebenden oder verstorbenen Angehörigen sowie mit Tieren zu kommunizieren.

Der Tod eines Lebewesens wird immer als großes, glückliches Fest gefeiert, weil die Menschen wissen, dass sie von den energetischen Welten stammen und der Tod nur der Übergang zurück in diese Welten darstellt.

Daher feiern alle gemeinsam mit dem Verstorbenen diesen Übergang einige Tage lang. Es werden die Lieblingslieder des Übergängers gespielt, dazu wird gesungen, getanzt und gelacht.

Der Weltenüberbrücker ist sich absolut bewusst, dass er seinen materiellen Körper verlassen hat und erzählt den Zurückgebliebenen von seinen momentanen Erlebnissen und Empfindungen.

Wenn die Feierlichkeiten beendet sind, kehrt die feinstoffliche Seele des Übergängers zurück zu den energetischen Welten, um dort mit dem göttlichen zu verschmelzen oder nach einiger Zeit in eine weitere materielle Lebensform irgendwo in den Multiversen zu inkarnieren. Manche Seelen bleiben auch noch einige Zeit in der Nähe ihrer Angehörigen, um ihnen bei Fragen zur Verfügung zu stehen.

Wenn eine Seele in einen materiellen Körper inkarnieren möchte, wendet er sich zunächst per Gedankenübertragung an die potentiellen Eltern, die sich ein Baby wünschen. Die Eltern und die Seele werden dann gemeinsam von den energetischen Welten und einigen Menschen der Erde wie Disir und Munin dazu beraten, welche Erfahrungen zum Beispiel in der gewählten Familie zu sammeln sind.

Nach der Geburt des Babys ist sich die Seele zunächst ihrer Herkunft absolut bewusst. Nach einigen Monaten verliert sie aber einen Teil des Wissens und beginnt, die abgesprochenen Erfahrungen mit dem materiellen Körper zu sammeln.

Der Verstand übernimmt in dieser Zeit die Führung und das Kind lebt zwar ohne negative Gefühle wie Hass oder Wut, aber es hat einen Teil seines unendlichen Wissens verloren. Dafür leben die Kinder absolut im Hier und Jetzt.

In dieser Zeit ist es auf die Hilfe der Eltern angewiesen, um sich wieder zu einem bewussten Menschen zu entwickeln und seine Feinstofflichkeit und seine wahre Herkunft mehr und mehr zu erkennen.

Nach der Pubertät sind die Kinder in der Lage, vollständig auf die energetischen Welten zuzugreifen, um von dort, zum Beispiel durch verstorbene Angehörige, alles Nötige an Wissen zu erhalten. Ab diesem Zeitpunkt sind sie sich, bis zum Verlassen des materiellen Körpers, ihrer feinstofflichen Herkunft bewusst. Nun haben sie auch den Sinn ihres Daseins verstanden und können ihre verbleibende Zeit dazu nutzen, ihre jeweilige Aufgabe zu erfüllen.

Hugin, der achtjährige Sohn von Baldur und Disir, hat schon als Kleinkind die Fähigkeit besessen, sich per Gedankenübertragung mit allen Tieren der Erde zu verständigen. Darum lebt bei dieser kleinen Familie auch eine große Zahl wilder Tiere, die alle friedlich nebeneinander liegen oder auch manchmal übermütig miteinander spielen. Hugin verbringt einen Großteil seiner Zeit mit diesen Tieren und hat abends immer tolle Geschichten zu erzählen, die er von den verschiedenen Tieren tagsüber gehört hat.

Seine Schwester Munin dagegen kennt alle Pflanzen und ihre Wirkungsweisen. Wenn es einem Tier nicht gut geht, weil es zum Beispiel aus Langeweile eine ihm fremde Pflanze gekaut hat, fragt Hugin zuerst seine Schwester, wohin er das Tier begleiten soll, damit es die richtigen Kräuter fressen kann, um seine Magenverstimmung wieder los zu werden.

Auch die Mitmenschen der Gemeinschaft kommen alle zu Munin, um sich beraten zu lassen, welche Pflanzen für ihre Bedürfnisse die richtigen sind. Ebenso unterstützt sie ihre Mutter bei der Versorgung von schwangeren und stillenden Frauen. Sie ist auch häufig anwesend, wenn mit den energetischen Welten die Reinkarnation einer Seele geplant wird.

Normalerweise sind die meisten Menschen körperlich und seelisch gesund, doch manchmal gibt es Situationen, in denen man aus unbekannten Gründen plötzlich traurig, unruhig oder ängstlich wird. Diese Gefühle stellen sich meist als Erbe der Vergangenheit heraus. Denn alle Gedanken und Gefühle der Lebewesen sind in einer Art Feld in den energetischen Welten gespeichert. Auch wenn eine Seele den materiellen Körper verlässt, bleiben ihre Gedanken und Gefühle dort erhalten und manchmal erinnert sich die Seele in einer neuen Inkarnation wieder an diese Gefühle und erlebt sie als eine Art Déjà-vu.

In diesem Fall bietet Mulin meist bestimmte Kräuter oder Pflanzen an, die dazu führen, dass die Menschen zu optimistischeren Gedanken kommen. Auch vergangene Probleme können dadurch aufgedeckt, verarbeitet und aufgelöst werden. Anschließend können die Menschen ihr Leben wieder in vollen Zügen genießen.

An diesem Abend erzählt zunächst Hugin eine Geschichte, die ihm am Nachmittag ein Wildesel erzählt hat:

Es war einmal ein kleiner Esel, der lebte auf einem Bauernhof. Tag für Tag musste er schwere Säcke mit Getreide zur Mühle und auf dem Rückweg Säcke mit Mehl zum Hof tragen.

Wenn der kleine Esel sich weigerte, den Weg zu gehen, bekam er vom Stallburschen des Bauern harte Schläge mit einem Stock auf seinen ohnehin geschundenen Rücken.

Am Abend band ihn der Stallbursche dann mit einer Eisenkette im Stall fest. Diese war so kurz, dass der kleine Esel sich nicht einmal richtig auf den Boden legen konnte, ohne dass ihm die Luft abgeschnürt wurde. Dann warf ihm der Stallbursche noch lieblos eine Handvoll Heu in die Krippe und trottete davon.

So ging es viele, viele Jahre. Der kleine Esel wurde älter und immer trauriger und einsamer. Auch sein Rücken schmerzte von Tag zu Tag mehr. Eines Abends, als der inzwischen sehr alte Esel wieder einsam und alleine in seinem Stall auf dem trockenen Heu herumkaute und ihm die Tränen der Verzweiflung die Wangen hinunter liefen, erschien plötzlich eine sehr helle Gestalt neben ihm.

"Wer bist Du?", stotterte der Esel erschrocken und verschluckte sich an dem Bissen Heu, den er gerade hinunterschlucken wollte. "Ich bin Dein Schutzengel", antwortete das helle Wesen und klopfte dabei kräftig den Rücken des hustenden Esels. "A-aber was machst Du hier bei mir?", stammelte der Esel immer noch leicht hüstelnd. "Nun", begann der vermeintliche Engel langsam. „Du rufst doch schon viele Jahre nach mir. Bisher dachte ich immer, der Bauer hätte irgendwann Mitleid mit Dir und würde sich besser um Dich kümmern. Leider musste ich heute erkennen, dass das wohl nicht der Fall sein wird und darum bin ich nun hier, um Dir zu helfen." „Wie willst DU mir denn helfen?", entgegnete der Esel missmutig. "Wirst Du mir etwa Flügel verleihen, damit ich davonfliegen kann?", fügte er sarkastisch hinzu.

Der Engel überlegte kurz, dann meinte er: "Hm, auf die Idee bin ich gar nicht gekommen, aber jetzt, wo Du das vorschlägst, warum nicht?" Ehe sich der alte Esel besinnen konnte, sprang die Kette an seinem Hals entzwei und er schwebte ganz langsam und leicht in die Höhe. Der Engel setzte sich auf seinen Rücken und streichelte ihn zärtlich. Bei jeder Berührung des Engels wurden die Schmerzen des Esels weniger, bis er schließlich völlig schmerzfrei und laut lachend in die Wolken eintauchte.

Immer höher und höher flog nun der Esel mit seinem Engel auf dem Rücken. Als sie die Erde verlassen hatten und an den vielen Sternen mit rasender Geschwindigkeit vorbeiflogen, löste sich der Körper des Esels immer mehr auf. Er verwandelte sich ebenfalls in einen hell leuchtenden Engel.

„Juhu, jetzt weiß ich wieder alles!", rief der neue Engel aufgeregt. "Ich habe mich vor vielen Jahren entschieden, als Esel auf dem Planeten Erde zu leben, um die Erfahrung zu machen, was Einsamkeit, Traurigkeit und Schmerz bedeuten. In Wahrheit aber bin ich ein Engel und nun sehr froh, wieder hinter alle Welten zurück zu kehren."

Nachdem Hugin seine Geschichte beendet hat, blickt er seine Eltern mit großen Augen an. „Diese Geschichte hat mir ein Wildesel erzählt und er hat geschworen, dass es eine wahre Geschichte von vor einigen tausend Jahren sei. Ich habe ihm nichts geglaubt, aber ich wollte ihm auch nicht widersprechen, weil er seine Geschichte so überzeugt erzählt hat. Aber das, wovon er berichtet, gibt es doch gar nicht?

Ich weiß nicht, was ein Bauer sein soll, was eine Mühle ist, Mehl und Getreide sagen mir auch nichts". „Nun", beginnt sein Vater aufmerksam den Kindern zugewandt: „Ihr müsst wissen, dass wir Menschen nicht immer so friedlich und glücklich miteinander und mit den anderen Lebewesen gelebt haben.

Vor einigen tausend Jahren herrschte auf diesem Planeten viel Elend, Krieg und Zerstörung. Die Menschen haben die Natur ausgebeutet, viele Tiere gequält und sich auch gegenseitig unterdrückt und misshandelt.

Damals mussten die Menschen sich mit Essen ernähren, weil sie noch nicht feinstofflich genug waren, um mit Sonnenlicht und Liebe ihre Körper zu erhalten. Diese Menschen haben sogar Tiere gegessen."

„Das ist ja grauenvoll", ruft Munin entsetzt. „Ja", sagt der Vater in ruhigem Ton. „Es war nun mal eine andere Zeit. Lange Zeit davor haben Menschen sogar andere Menschen gegessen, aber dies wurde inzwischen abgelehnt." Die Kinder schütteln sich vor Ekel und werden sehr traurig.

Der Vater erzählt weiter: „Ein Großteil der damaligen Menschen waren Sklaven von wenigen anderen Menschen. Diese hatten ein Tauschmittel, das man ‚Geld' nannte, in Umlauf gebracht. Im Gegensatz zu unserer heutigen Welt konnte nicht jeder nach seinen Fähigkeiten leben oder einfach schlafen, wenn er müde war. Die Ausbeuter der Menschen zwangen diese, jeden Tag zu einer bestimmten Zeit aufzustehen und ‚zur Arbeit' zu gehen, um sich dieses Tauschmittel zu verdienen. Viele bekamen, trotz schwerer Arbeit, nur wenig von dem Tauschmittel. Ein großer Teil dieses Tauschmittels wurde den Menschen dann noch, von sogenannten Politikern als ‚Steuern' bezeichnet, wieder abgenommen.

Zu diesen Menschen gehört auch der Bauer aus Deiner Geschichte, Hugin. Dieser hat den kleinen Esel ausgebeutet, weil er selbst das Tauschmittel verdienen musste, indem er selbst angepflanztes Getreide in einer Mühle zu Mehl verarbeiten ließ. Dieses Mehl konnte er dann anderen Menschen verkaufen, die daraus Brot gebacken haben.

Viele Millionen Menschen mussten Dinge tun, die ihnen weder Spaß machten noch zu Zufriedenheit führten. Viele konnten trotz zehn oder mehr Stunden Arbeit mit dem Rest des Tauschmittels nicht ihre Familie ernähren.

Da das Klima überwiegend kalt war, mussten sich die Menschen in gebaute Wohnungen zurückziehen, diese mit Erdöl heizen und auch Kleidung aus Baumwolle und Erdöl tragen. Die Ausbeuter stellten immer mehr Ware aus Erdöl oder künstlichen Materialien her. Sie vergifteten die Nahrung und

Kleidung der Menschen, so dass diese auf angebliche Ärzte angewiesen waren, die ihnen versprachen, sie wieder gesund zu machen."

Munin war fassungslos. „Aber es wachsen doch alle Kräuter, Gewürze und sonstige Pflanzen, die Menschen brauchen, in der Natur!" „Das ist richtig", stimmt ihr Vater zu, „aber die Menschen damals waren zu sehr von der Natur getrennt, um von ihr zu leben. Zudem wurden viele wertvolle Pflanzen von den Regierungen verboten, damit sich die Menschen nicht mit deren Hilfe selbst heilen konnten.

Da die Menschen keinerlei Kontakt zu den energetischen Welten hatten, konnten sie sich auch nicht per Gedankenübertragung mit anderen Menschen verständigen. Um miteinander zu kommunizieren, mussten sie Geräte benutzen, die man Telefon oder Handy nannte.

Da sie auch keinen Kontakt zu den Verstorbenen in den energetischen Welten hatten, mussten sie all ihr Wissen entweder aus Büchern oder Computern beziehen. All diese Gegenstände mussten möglichst günstig und mit Sklavenarbeit hergestellt werden. Anschließend wurden auch sie sehr teuer weiterverkauft."

Hugin schüttelt ununterbrochen den Kopf. Er konnte sich all das absolut nicht vorstellen, aber der Vater fuhr mit seinen Erklärungen unbeirrt fort: „Da sie auch keine Seelenreisen kannten, bewegten sie sich mit sogenannten Autos, Flugzeugen, Zügen oder Schiffen fort. Die meisten Menschen benötigten ein teures Auto, um zur Arbeit zu kommen, ihre Kinder zur Schule zu fahren, zum Einkaufszentrum zu gelangen, um Nahrungsmittel und Kleidung zu besorgen und so weiter...

Wer einen anderen Teil der Erde besuchen wollte, war dafür auf ein Transportmittel wie Schiffe, Züge oder Flugzeuge angewiesen und musste auch für diese Nutzung teuer bezahlen.

Eines Tages haben dann einige der Ausbeuter eine sehr gefährliche Waffe eingesetzt. Sie brachten mit Raketen „Atombomben" in den Weltraum und lösten sie dort aus. Sie taten dies, um die elektronischen Errungenschaften wie Computer und somit auch die Waffen des Gegners durch elektromagnetische Impulse zu zerstören.

Das erreichten sie auch, aber sie lösten dadurch ebenfalls unkontrollierbare Wellen aus, die unser Erdmagnetfeld ins Schwanken brachten und eine Polumkehr, die bereits seit Jahrmillionen überfällig war, vorzeitig auslösten.

Die Pole wanderten, wurden schwächer und verschwanden. Schutzlos stand sie plötzlich da, unsere Mutter Erde. Die harte kosmische Strahlung konnte nun ungefiltert die Menschen und Tiere erreichen.

Unwetter und unvorstellbare Naturkatastrophen nahmen ihren Lauf. Vulkane brachen aus und schleuderten Gase und Staub in die Atmosphäre. Tsunamis rasten von einem Ende der Ozeane zu den anderen, die Kontinentalplatten verschoben sich. Das Meer begann an einigen Stellen zu kochen und Unmengen von Wasserdampf gelang in die Atmosphäre und verdunkelte den Himmel.

Milliarden Menschen und Milliarden Tiere starben nicht in Jahren, nicht in Monaten, sondern in Stunden.

Nach einiger Zeit setzte das Erdmagnetfeld wieder ein und die Grenzen wurden wiederhergestellt, doch dort, wo früher Norden war, war nun Süden. Mit einem Mal fielen dort, wo der Himmel noch klar war, die Sterne herunter und die Nacht wurde zum Tag und dort wo es Tag war, wurde es Nacht.

Die Erde drehte sich anschließend um 180 Grad und dadurch stabilisierte sich die Eigenbewegung der Erde. Durch diese Veränderungen kam es zu einer einzigen konstanten Jahreszeit auf unserem gesamten Planeten.

Das alles geschah innerhalb weniger Tage und wurde von den Überlebenden die dreitägige Finsternis genannt. Baldur schaut nun langsam und mit geröteten Augen auf. Er hat sich so sehr in die armen, gequälten Seelen von damals hineinversetzt, dass ihm sein Herz weh tut.

Disir beruhigt ihn: „Zum Glück ist diese schreckliche Zeit schon lange vorüber. Heute leben doch alle Lebewesen bis in alle Ewigkeit in bedingungsloser, unendlicher Liebe zusammen. Ununterbrochen vernetzt mit den energetischen Welten, die unser aller Ursprung und Ziel sind."

Müde und erschöpft gehen nun alle sofort schlafen und träumen von ihrem Paradies und dem kleinen Esel aus vergangenen Tagen.

REALITÄTEN

„Es kann nur Glück oder Freude geben,

wenn man in sich selbst Frieden gefunden hat."

Edgar Cayce

TRÄUME UND ANDERE REALITÄTEN

Haben Sie schon einmal ein Buch gelesen und dabei plötzlich realisiert, dass Sie gar nicht wissen, was Sie auf den letzten Seiten gelesen haben?

Folgende Fragen erlaube ich mir nun zu stellen:

1. Wer hat gelesen und

2. Wo waren Sie?

Sie fahren von der Autobahn. Wie bin ich hierhergekommen?

1. Wer ist gefahren und

2. Wo waren Sie?

Sie stellen fest: „Oh, schon fertig (mit dem Essen)".

1. Wer hat gegessen und

2. Wo waren Sie?

Das Bewusstsein „schweift" ab, unsere Gedanken sind woanders, höre ich des Öfteren.

Automatisierte Tätigkeiten und Handlungen, die wir „im Schlaf" ausführen können, werden durch eine hohe Anzahl an Wiederholungen einer jeweiligen Tätigkeit erreicht. Beim Militär wird das auch „Drill" genannt.

Hierbei handelt es sich um einen weiteren Fingerzeig, dass wir mehr sind als unser Körper. Wir gehen auf Wanderschaft mit unserem Bewusstsein, dem wahren „Ich", und lassen unser falsches, aber gut trainiertes „Ich" oder „Ego" fahren (lesen, kauen etc.). Nur zu gerne identifizieren wir uns mit dem Ego und denken, wir sind „es".

Das ist ein Trugschluss, denn wir sind nicht unser Körper und auch nicht unser Verstand. Letztere limitieren und beschränken uns nur und sind als Sinnes- oder Wahrnehmungsorgane zu verstehen.

Das, was dort „wahrgenommen" wird (der Input), kann ein Luftzug auf der Haut sein, eine spektakuläre Begebenheit in unserem Sichtfeld, Musik, aber auch ein Gedanke, der plötzlich und unerwartet „in uns" steht. All dies sind „Informationen", die uns vom und über den Puppenspieler gezeigt oder eingegeben werden. Die Gedanken (Eingebungen, Lösungen, Ideen, künstlerische Kreativität) fallen dabei in die Kategorien „Intuition" und „Inspiration". In einem kreativen Prozess wird die Sinneswahrnehmung über unseren Geist besonders geschärft und geweitet. Was als schmales Rinnsal begann, wird schnell zu einer kreativen Flut.

Das, was da denkt, sind aber nicht Sie. „Sie" sind das, was beobachtet und all das Erlebte, Erfühlte und Gezeigte aufzeichnet. „Sie" sind die Essenz Ihrer jetzigen Inkarnation, aber auch aller vorangegangenen. Sind Sie „alle" und „alles" oder aber auch nur „Sie". Ganz wie Sie es mögen.

Unser „Ich" ist keinerlei Limitierungen unterworfen, unser Ego und unser Körper hingegen schon.

„Ich" kann dabei so klein sein wie ein Atom und so groß wie das ganze Universum. „Ich" kann alles sein und doch nur „Martin Heyden". Ganz wie es mir beliebt. Ich kann Programmierer sein, Buchautor, Taucher, Pilot. „Ich" kann alles sein, was ich will. Limitieren tut mich nur mein Ego und somit ich selber - da das Ego ein Teil von mir ist - und natürlich die Nächstenliebe und hier besonders der Teil, den wir „Rücksicht" nennen.

*

Ich habe die Fragen vom Anfang dieses Kapitels gerade einem Bekannten gestellt, der durchaus in die Kategorie „Darüber mache ich mir keine Gedanken. Wenn ich tot bin, bin ich halt tot" passt.

Alle Fragen hat er mit „Ich" und „hier" beantwortet. Zum Teil wirkte er schon ein wenig hilflos. Es ist ja auch eine schwierige Frage der rhetorischen Art, bei der die Antworten eigentlich schon vorbestimmt sind. Eigentlich muss man anschließend nur noch sagen: „Differenziere und erkenne, wer Du wirklich bist", aber so einfach ist das leider nicht. Das Ego ist stark und ein perfekter Täuscher, Lügner und Betrüger. Es tut alles, um am Leben zu bleiben, denn es weiß, wird es erkannt und durchschaut, wird es „sterben" und somit untergehen. Und „er" oder „sie" ist es auch, der uns das biologische Sterben vorgaukelt, uns an die Materie bindet und den „Traum des Lebens", nach unserem „Tod", weiter träumen lässt.

Das oben dargestellte Phänomen ist ansatzweise durch die Forschung erklärt worden: „Automatisierte Handlungen müssen nicht mehr in das Zentrum der Aufmerksamkeit gerückt werden, sie benötigen nur noch wenig oder gar keinen Denkaufwand mehr."

Man könnte auch sagen, dass eine Tätigkeit solange und oft wiederholt wird, bis diese ohne weitere Überlegungen ausgeführt und spontan abgerufen werden kann. Ein Prozess, der dem Evolutionsprozess des Menschen zugeordnet wird, der seine Anpassungsfähigkeit verdeutlicht.

Man könnte aber auch sagen, dass so ein Prozess zwar am Anfang von Interesse - da neu - ist, mit der Zeit aber nichts Neues mehr darstellt und so für das Bewusstsein ohne Interesse ist. Das Bewusstsein, das vom Puppenspieler gesteuert wird, geht auf Reisen und geht zu Orten oder Sachverhalten, die genauso real sind, wie es die Umgebung ist, in dem sich der Körper und der Verstand (Ego) weiter zielsicher und - auf das Beispiel mit dem Auto bezogen - , unfallfrei bewegen.

Würde Sie jemand beim Lesen beobachten, während Sie „abschweifen", würde dieser keinen Unterschied bemerken. Ihre Augen würden immer noch konzentriert von Zeile zu Zeile und von Abschnitt zu Abschnitt springen. Sie sind eben gerade nur nicht Zuhause, das ist alles.

Die „Orte", zu denen Sie gehen, sind für den Puppenspieler genauso real, wie es unsere Realität ist. Dort draußen oder besser, „tief in Ihrem Inneren", gibt es unzählige Realitäten, jede einzelne so real wie die „unsrige". Eine Entität einer solchen Welt würde unsere als absurd abtun und ihre Existenz als schlechten und trügerischen Traum abtun. „Kausale Welten gibt es nicht! So ein Unsinn, wieder so ein Hirngespinst unserer Forscher. Ich denke und dadurch erschaffe ich alles, was real ist und nur das zählt".

Träume, als Beispiel, sind nicht zwingend kausal und in ihnen kommen die unglaublichsten Geschehnisse vor.

Und ausnahmslos alle werden von dem Teil von Ihnen, der träumt, als real empfunden. Das Verhältnis „Sie", der gerade liest, zu dem Teil, welcher träumt, ist dasselbe, wie das des Puppenspielers zu Ihrem „Tagesbewusstsein".

Absurd sind Träume deshalb, da jenes, was gezeigt wird, immer ein Ausdruck Ihrer vorhandenen Konzepte und Interpretationen ist. Geschehenes taucht in ihnen genauso auf wie Zukünftiges der gerade erlebten Realität Ihres Tagesbewusstseins und natürlich Absurdes aus Parallelwelten.

Oft sind es auch bekannte Gesichter, die auftauchen. Von noch Lebenden, aber auch von bereits Verstorbenen, denn Träume sind auch als Schnittstellen zwischen den Realitäten zu verstehen. Verstorbene nutzen Träume manchmal, um sich Ihnen zu zeigen oder um mit Ihnen zu kommunizieren.

Genauso wie Seelen, die Sie nur aus Ihrer übergeordneten „wahren" Existenz, aus den energetischen Welten, kennen. Nicht alle Seelen inkarnieren regelmäßig. Einige bleiben zurück und helfen und unterstützen jene, die es tun. Ab und an sind sie auch in unseren Träumen. Erkennen tun wir sie nicht. Zumindest nicht währenddessen wir einen Teil von uns in das Land der absurden Realitäten senden, die wir „Traum" nennen.

Träume existieren im Übrigen nicht nur außerhalb von dem, was wir Raum nennen, sondern auch außerhalb der Zeit. Sie haben mit Sicherheit schon die Erfahrung gemacht, dass Ihr Wecker genau das tut, was er auch soll: er weckt Sie. „Noch ein Viertelstündchen" und Sie schlafen wieder ein. Sie beginnen zu träumen, eine Reise beginnt, die Sie durch eine fantastische Welt führt. Sie sind Stunden oder tagelang unterwegs und da ist er wieder aus der Ferne: Ihr Wecker - immer noch oder schon wieder.

Langsam kommen Sie zu Sinnen und erschrecken. Ein Blick auf den Wecker verrät Ihnen dann, dass gerade einmal zwei Minuten vergangen sind. Wie kann das sein?

Ein weiteres Phänomen von Träumen ist es, dass wir sie vergessen. Nach kürzester Zeit ist der Traum nur noch eine verblassende Erinnerung und wenn Sie aufgestanden sind, ist er verschwunden, weg. „Habe ich geträumt?"

Das lässt vermuten, dass es noch weitere „Reisen" gibt, die wir während des Schlafes unternehmen. Begrenzt durch Zeit und Raum werden wir währenddessen jedenfalls nicht und somit steht uns alles offen.

Was wäre - und ich halte das für sehr wahrscheinlich -, wenn Sie nachts Ihre wahre Existenz weiterführen würden, kontinuierlich, genauso kontinuierlich wie unser „Tagesbewusstsein". Mit dem Aufwachen vergessen wir alles wieder und das, was wir Träume nennen, wird „parallel" abgearbeitet von einem weiteren Teil von uns, der näher an unserem Tagesbewusstsein ist als das, was ich „Nachtbewusstsein" nenne und eine weitere Ihrer vielen Existenzen ist.

Das Nachtbewusstsein ist dem Tagesbewusstsein nicht zugänglich, während das Nachtbewusstsein eine genaue und klare Vorstellung dessen hat, was am Tage passiert ist und noch passieren wird.

Das Phänomen des Vergessens erstreckt sich auch auf das weite Feld der Nahtoderfahrungen, Koma-Patienten und Narkosen.

> Zitat aus DEdjW Kapitel: „Wenn wir sterben": „Etwa 1 Prozent derjenigen, die einen Herzstillstand überleben, berichten (einige Tage oder Wochen danach befragt) von einer Nahtoderfahrung. Der Prozentsatz derjenigen, die unmittelbar nach dem Erwachen (nach der OP oder nach dem Erwachen aus einem Koma) befragt werden, ist signifikant höher. Das lässt vermuten, dass alle Menschen, in vergleichbarer Situation, so eine Erfahrung machen. Sie haben es nur, wie einen Traum, schlichtweg vergessen."

*

Nicht nur C. G. Jung vermutet, dass wir Menschen, als Gemeinschaft, über ein gemeinsames Unterbewusstsein verfügen, über das wir ständig miteinander, zumeist unbewusst (der Name ist Programm) kommunizieren. In meinen Büchern nenne ich diesen vermeintlichen „Ort", indem wir das tun, das Feld.

Nachts sind wir uns der Existenz des Feldes (und somit unserer Existenz im Feld) vollumfänglich bewusst. Wir planen weitere Schritte, kommunizieren mit unserer Gemeinschaft und mit anderen Inkarnationen. Treffen Freunde und das nicht nur in dem, was wir Träume nennen, so wie weiter oben beschrieben.

Tagsüber dann, tauchen wir wieder ein in die Inkarnation(en) und „lernen". Wir (der Puppenspieler) beobachten und steuern uns dabei.

WIE VIELE BIN ICH?

„Der Mensch ist Mittel (Punkt)."

Dieter Hildebrand

Sollten Sie jetzt erwarten, dass ich Ihnen den astronomischen Mittelpunkt unseres Universums aufzeige, muss ich Sie enttäuschen. So etwas gibt es nicht, sehr wohl aber eine Art „spirituelles Zentrum", von dem aus jenes, was ich hier „Alles, was war, ist und immer sein wird" nenne, in die Unendlichkeit und Ewigkeit ausstrahlt. Dieses Zentrum ist der Mittelpunkt und Kern von ausnahmslos allem. Ein „Ort", an dem wir sofort vergehen würden, da wir nicht die notwendige spirituelle Reife und Größe haben, diesen Ort, der kein Ort ist, zu sehen.

Nein, hier geht es um einen anderen Mittelpunkt. Es geht um - Sie.

Sie sind der Mittelpunkt Ihres Universums. Ausnahmslos alles dreht sich um Sie und dient nur und ausschließlich Ihrer Entwicklung. Letzteres beinhaltet Freud und Leid, Höhen und Tiefen, aber das wissen Sie ja bereits.

Sie sind ein mehr- oder multidimensionales Wesen, dass annähernd unendlich oft in vielen Variationen gleichzeitig und im selben Raum existiert. In Vergangenheit, Gegenwart und Zukunft.

So etwas begreifbar zu machen ist schwierig, da man einem dreidimensionalen Wesen (Sie und ich) eigentlich nicht begreifbar machen kann, wie es ist, ein mehr (als drei)-dimensionales Wesen zu sein. Vielleicht erinnern Sie sich noch an den zweidimensionalen PacMan aus meinem ersten Buch, der, von einem dreidimensionalen Menschen beobachtet, diesen nicht wahrnehmen kann.

Alles um Sie herum ist eine Illusion: Ich, mein Buch, das Sie gerade lesen, einfach alles. Und doch bin ich ein reales Wesen. Es fühlt sich für mich beim Schreiben dieser Zeilen zumindest so an. Allerdings bin ich für Sie nur eine Illusion, aus einer anderen Dimension, derselben Raumzeit zwar, aber doch nur eine Illusion oder - um es greifbar zu machen - eine Projektion. In meiner Realität bin ich das Zentrum und Sie verehrte Leserin, verehrter Leser, sind die Projektion. Dadurch ergeben sich fast schon unverschämt viele Möglichkeiten und Variationen. Sie alle helfen Ihnen und mir - uns allen -, viele unterschiedliche Erfahrungen während eines „Durchganges" zu machen.

In meinem ersten Buch habe ich Ihnen bereits vermittelt, dass Sie sich durch den Dschungel der Möglichkeiten und Wahrscheinlichkeiten, linear, von Möglichkeit zu Möglichkeit hangeln und dabei immer die wahrscheinlichste Möglichkeit oder die Variante nehmen, die Ihr Überleben sicherstellt (angelehnt an „Schrödingers Katze"). Und nun wissen Sie auch, „was" sich da entlang hangelt: Das sind „Sie", das Zentrum Ihres Universums.

Bitte stellen Sie sich für einen Moment folgendes fiktives Szenario vor:

Sie sind eine Figur in einem sehr komplexen Film. Dieser Film wird Ihnen gezeigt und es wird Ihnen angeboten, diese „Figur" im Film zu „erleben". Sie haben sich für eine besondere Variante des Filmes entschieden und tauchen jetzt in diesen ein und übernehmen die Hauptrolle. Der Clou ist, dass sie diesen Film für absolut real halten und tatsächlich denken, Sie seien die Hauptfigur des Filmes. Tatsächlich sitzen Sie aber, wie in „Total Recall" oder vergleichbaren Filmen, in einem verkabelten Sitz und träumen die „Action" nur.

Innerhalb des Raumes, in dem Ihr Film gerade läuft, laufen noch viele weitere Filme. In einem Raum direkt „nebenan" läuft der Film Ihres Freundes. In diesem sind Sie nicht der Hauptdarsteller, sondern haben nur eine Nebenrolle. Diese Nebenrolle wird aber nicht direkt von Ihnen gesteuert, sondern ist das „ausgerechnete" Ergebnis Ihrer Handlungen aus Ihrem „Film". Sie sind dort nur eine Projektion!

Und im selben Raum laufen gerade noch (fast) unendlich weitere Filme, mit Ihnen als Nebendarsteller, aber auch mindestens genauso viele mit Ihnen als

Hauptdarsteller. In diesen Filmen agieren „Sie" ebenfalls nicht direkt, sondern sind nur vom Computer „berechnet", um herauszufinden, was wäre, wenn „Sie" diese oder jene Entscheidung nicht oder anders getroffen hätten. Natürlich ist der computergesteuerte Film clever genug, um Ihnen zu erlauben, zwischen den Filmen zu wechseln, um die vorgegebene Handlung noch zu ändern, ohne einen neuen Film zu beginnen.

Das Ganze ist mit Sicherheit noch um einiges komplexer und komplizierter. Aber leider bin ich im übertragenen Sinne nur ein Bakterium, welches versucht, einem anderen Bakterium zu erklären, dass es da oben noch eine viel größere, kaum zu begreifende Welt gibt, eine Welt voller Mysterien und Wunder.

REALITÄTEN

„Eines Tages wird man offiziell zugeben müssen, dass das, was wir Wirklichkeit getauft haben, eine noch größere Illusion ist als die Welt des Traumes."

Salvador Dali

Grundsätzlich glaube ich nicht, dass wir jemals in der Lage sein werden, künstliche Intelligenz, die uns gleicht, in einer virtuellen Umgebung zu erschaffen (Fußnote).

> Fußnote – Bezug: DEdjW Kapitel: „Matrix, künstliche Intelligenz und die Eroberung des Weltraums"

Generell ausschließen möchte ich die Möglichkeit allerdings auch nicht, denn es gibt stichhaltige Anhaltspunkte, die dafür sprechen, dass wir in einer Schöpfung leben. In einer Schöpfung, die einer virtuellen Realität gleich kommt. Widerlegen kann ich es jedenfalls nicht - können Sie es? Was ich aber beweisen kann, ist (ich bin Programmierer), dass alles Begreifbare in unserer Welt, Sie und ich, sich letzten Endes auf '0' und '1' reduzieren lässt, die Grundbausteine einer jeden Programmierung. True and False, Wahr und Unwahr. Wir sind „Information", wenn auch eine sehr komplexe, aber doch Information die einem sehr fein strukturiertem Regelwerk unterworfen ist.

Eine übergeordnete Entität (ein Schöpfer oder Programmierer) kann, im Gegensatz zu uns, durchaus in der Lage sein, eine virtuelle Realität - eine Illusion

– wie die Unsrige zu erschaffen. Basierend auf dieser Annahme, gestützt durch meine in diesem Buch dargelegten Möglichkeiten, stützen sich die folgenden Erzählungen von mir.

- Der Abgeordnete
- Überlegungen eines Programmierers

Die Filme der „Matrix Trilogie" und „Total Recall" kommen der erzählten „Realität – Der Abgeordnete" schon sehr nahe, aber nicht so nah wie die Star Trek Episode (The Next Generation) mit dem Titel „Das zweite Leben" (5. Staffel, Episode 25.)

Der Abgeordnete

Eine Kurzgeschichte von Martin Heyden

„Sind Sie soweit?".

„Ja, ich denke, es kann losgehen. Wie wird es sein?"

„Sie werden den Unterschied nicht erkennen und nichts wird Sie daran erinnern, dass Sie in einer Simulation sind. Es ist eine perfekte Illusion. Sie werden in einen vorbestimmten Moment hineinprojiziert und verfügen über alle notwendigen Erinnerungen, die nötig sind. Ich beginne jetzt mit der Prozedur. Bitte zählen Sie laut von eins bis zehn. Gute Reise!"

„Eins, Zwei, …Drei. … Vie …"

Um den Parlamentarier Mark Clarrice herum wird es dunkel und still. Leere. Er fällt. „Wieso falle ich und wer bin ich?"

Klack-Klack-Klack, ein lautes ohrenbetäubendes Rattern.

Die Gischt und die Wellen schlagen hoch. Es ist kühl am Morgen des 06. Juni 1944. 'Diese verfluchte Schaukelei', denkt Coporal Darson. Seit sie in England eingeschifft wurden, ist er seekrank. 'Was Elisabeth wohl gerade macht? Wenn ich das hier überlebe, werden wir heiraten'. Er spricht ein kurzes Gebet und küsst das Kruzifix, das ihm seine Mutter mitgegeben hat.

„Fertigmachen! Gleich geht es los."

Die Bugklappe des Landungsbootes fährt hinunter, viel zu langsam. Vor ihnen breitet sich die Küste Frankreichs aus. Die Welt ist zu einem ohrenbetäubenden Orkan aus Detonationen, zischenden und peitschenden Geschossen sowie Blut geworden.

„Los, los!" Captain Rosenberg, der Einheitsführer, springt als erster in die Brandung. Er versinkt und taucht sogleich wieder auf. Grotesk auf den Rücken gedreht, schwimmt er auf der Wasseroberfläche und bewegt sich nicht mehr, Kopfschuss.

„Shit! Los raus, O Gott, ich will nicht ersaufen wie eine Ratte!"

Steve, ein Freund aus seinem Heimatort, New Haven, Alabama, stampft rechts von ihm durch das inzwischen kniehohe Wasser, plötzlich schreit er auf, dann verstummt er. Eine Geschoßgarbe hat seinen Oberkörper zerfetzt. Er fällt nach vorn und erreicht als erster französischen Boden. „STEVE!" Nichts, seine Hand hat sich in den Sand gekrallt. Steve war bereits tot, als er den Boden berührte.

Immer mehr Ranger drängen sich auf den Strand. Wie Ameisen, Welle um Welle, drängen sie sich voran. Fallen, stehen wieder auf, lassen sich erneut fallen. Viele, viel zu viele, bleiben für immer liegen.

Unzählige Stunden sind vergangen oder waren es nur Minuten? Darson hat es bis zur ersten Böschung geschafft, keine 5 Meter nach Frankreich hinein.

„Weiter, nur weiter, wir müssen weg vom Strand. Sie schlachten uns hier ab! Verdammte Krautfresser ... „

„Auf, Soldat!" Ein, ihm unbekannter, Sergeant zerrt ihn an seinem Koppel hoch. „Weiter! Wer liegen bleibt, stirbt!" Er stolpert voran, Meter um Meter, betäubt folgt er dem Sergeant, reißt weitere mit sich voran. Nur weg vom Wasser, welches zum feuchten Grab von so vielen Kameraden seiner Einheit geworden ist.

Auf einer Anhöhe, keine 30 Meter von ihm entfernt, befindet sich, deutlich sichtbar, ein deutscher Bunker. Maschinengewehre feuern unaufhörlich. Der Tod hält reiche Ernte.

„Dog White" wäre der leichteste Abschnitt von „Omaha", haben sie gesagt. Mein Gott! Halblinks halten, dann würden sie die Schneise, welche in die Dünen führt, schon sehen.

Die Luft ist mit Blei gefüllt. Die Schneise unendlich weit entfernt. Darson presst sich an den Boden, will in ihm verschwinden. Erst jetzt merkt er, dass er sich eingenässt hat.

Eine Ewigkeit später hockt er unmittelbar unter dem Bunker. „Wie bin ich hierhergekommen?" Über ihm feuern immer noch die deutschen Maschinengewehre (MGs). Er kann, trotz des Gefechtslärmes, die Stimmen der Bunkermannschaft hören: „1 und 2 'Stopfen'! Rohrwechsel! 3 bis 5, Feuer nach halbrechts verlegen auf Punkt Anton 1, FEUER! „

Darson nimmt eine Handgranate, arbeitet sich flach an den Boden gepresst die Düne hoch. Entsichern, aufrichten und rein! Ein dumpfer Schlag. Staub quillt aus den Schlitzen, aus denen noch Sekunden zuvor der Tod hundertfach auf die heranstürmenden Infanteristen herniederging. Die MGs verstummen.

„Verdammter Krieg!"

Er springt hoch, sieht noch, wie Kameraden die Bunker rechts von ihm bereits genommen haben. Er rennt um den Bunker herum. Da ist die Treppe zum Eingang!

Er sieht einen Deutschen aus dem Bunker taumeln und fallen. Darson, sein M1 Garand Gewehr im Hüftanschlag, will feuern. Ladehemmung. ‚Oh mein Gott'. Er springt in den Graben und hebt die Waffe zum Bajonettangriff. Wo kommt die Pistole her? Darson sieht noch ein Aufblitzen und den überraschten Blick des Deutschen. ‚Oh Gott, diese Augen!?', dann kippt er nach vorn und die Welt wird dunkel.

Stundenlang hämmert nun schon die feindliche Schiffsartillerie auf ihre Stellungen ein. Die Welt des Oberfeldwebels Winterberg versinkt in Lärm und

Staub. Sie besteht nur noch aus Detonationen, die Amboss-Schlägen gleich, auf ihren Bunker einhämmern. Nur 150 cm Stahlbeton trennen ihn und seine Soldaten von dem Inferno, welches sich gerade um sie herum abspielt und sämtliches Leben, das sich außerhalb der Verbindungsgräben und Bunker befindet, auslöscht.

„Mensch, Herr Leutnant! Reißen Sie sich zusammen!"

Leutnant Wiske wurde vor zwei Wochen versetzt und ist ihr neuer Chef. Er ist gerade 21 Jahre jung, kommt frisch von der Offiziersschule und erlebt gerade seine Feuertaufe. Nichts konnte ihn auf das vorbereiten, was seit nun mehr einer Stunde auf sie einhämmert.

Er sitzt am Boden, verkrampft und am ganzen Körper zitternd. Er hat sich eingenässt. „Das ist uns allen schon passiert! Nichts, weswegen man sich schämen muss. Ihre Männer brauchen Sie!" Es gelingt Winterberg, den Leutnant wieder auf die Beine zu bringen. Er hat sich gefasst. Nun stehen sie beide neben den eingezogenen MGs und versuchen durch die Detonationen und den Staub das Meer durch ihre Ferngläser zu beobachten. Sie müssen wissen, wann der Feind den Strand erreicht, damit sie der eigenen Geschützstellung am Pointe du Hoc den Feuerbefehl mit Zielangabe geben können.

Zwei Schläge unmittelbar vor ihrem Bunker. Die Druckwelle reißt sie von den Füßen. Winterberg hustet, seine Welt ist ein einziger dumpfer Piep-Ton, alles ist dumpf. ‚Wo bin ich?'

„Hans. Hans!!" ‚Was will Karsten von mir? Und warum brüllt er so?'

„Hans, den Leutnant hat es erwischt! Du hast nun das Kommando!"

Winterberg rappelt sich auf, ist wieder im Bilde, neben ihm liegt Leutnant Wiske, ein Schrapnel hat seinen halben Schädel wegrasiert. Winterberg hat einen Sohn im gleichen Alter wie Wiske. Er ist bei den Pionieren, in Russland. Wie es ihm wohl geht? Er spricht ein kurzes Stoßgebet und fasst sich an die Brust, an die Stelle, an der er ein Kruzifix trägt, jenes, welches er von seiner Frau während des letzten Heimaturlaubes bekommen hat. Er springt hoch, zurück zu seinem Beobachtungspunkt. Das Artilleriefeuer verlegt in die Tiefe des Hinterlandes, ein eindeutiges Zeichen. Das kennt er. Die Landungsboote des Gegners haben sich im Schutz des Artilleriefeuers der Küste genähert und beginnen nun auszubooten.

„Karsten, Meldung an Igel, Feuerbefehl, jetzt, alle Zielpunkte.", kurze Pause „Meine Güte! Sie sind überall. Alles hört auf mein Kommando.", ruft er in den Feldfernsprecher: „MGs klar zum Gefecht. Sobald die Landungsboote ihre Bug-Luken öffnen, Feuern nach eigenem Ermessen. Verletztenmeldung!"

Der Leutnant war ihr bislang einziger Gefallener. Er sollte nicht der Letzte sein.

Die Panzersperren, die weit in das Wasser hinein positioniert wurden, erzielen ihre erhoffte Wirkung. Die Landungsboote müssen die Infanteristen weit vor dem Strand in mannshohem Wasser herauslassen. Die MGs feuern unablässig. Heiß geschossene Rohre werden ausgetauscht. Mit einer Kadenz von 1400 Schuss in der Minute „sensen" die automatischen Waffen durch die Angreifer, die verzweifelt versuchen, den Strand zu erreichen. Viele schaffen es nicht einmal bis ins Wasser.

„Mein Gott, was für ein Gemetzel!", hört sich Winterberg sagen. ‚Es muss sein - die oder wir', denkt er unsicher.

Es werden immer mehr, es liegen bereits hunderte von toten und verletzten Amerikanern vor ihrem Bunker auf dem Strand, auf dem sie gestern noch Fußball gespielt und sich gegenseitig beglückwünscht haben, was für eine ruhige Kugel sie hier doch schieben. Der Leutnant ist ausgerastet, als Karsten dies anmerkte. Jetzt liegt er da. Für Führer, Volk und Vaterland.

„Hans, der Feind ist links durchgebrochen. Wir sollen sofort, unter eigener Sicherung in die Auffangstellung 1 ausweichen!" Karsten hält den Hörer des Feldfernsprechers in der Hand und schaut zu seinem Freund Winterberg auf. Seit 1939 sind sie zusammen, zunächst im Polenfeldzug, später in Frankreich und auf dem Balkan und jetzt wieder in Frankreich, in der Normandie. Der Ort, um den ihn viele, insbesondere die Kameraden im Osten, beneidet haben. Bis heute Morgen um 06:30 Uhr.

„1 und 2 ‚Stopfen'!" befiehlt er, „Rohrwechsel! 3 bis 5, Feuer nach halbrechts verlegen auf Richtpunkt 'Anton 1', FEUER! Alle Teile sofort in die

Aufnahmestellung 1, wir überwachen das Ausweichen unserer Kameraden und halten Gegner nieder. Marsch, marsch!"

Karsten schaut ihn mit halb offenem Mund an, nickt langsam: Er weiß, dass Hans gerade ihr Todesurteil unterzeichnet hat. Hier kommen sie nicht mehr raus. Er gibt den Befehl über Feldfernsprecher weiter und wünscht den Kameraden alles Gute. Er greift seinen Karabiner und nimmt wieder den Feuerkampf auf.

Seit über zwei Stunden stehen sie nun im Feuerkampf. Hans fühlt sich elend. Er weiß, was er seinen Kameraden abverlangt. Er ist der Spieß und der „Hauptfeldwebel" seiner Einheit, er hat schon viele seiner der ihm anvertrauten Soldaten sterben sehen - zu viele.

Er wischt den Gedanken beiseite. Er war schon in aussichtsloseren Situation - ‚war ich?', irgendwie wird er es schon schaffen.

Da! Eine Hand! Direkt neben der Mündung eines der Maschinengewehre. Sie wirft eine Handgranate in den Bunker.

„HANDGRANATE! ALLES RAUS!!"

Hans dreht sich, wie in Zeitlupe. Alles geht viel zu langsam. Als er in der nun offenen Bunkertür steht, kommt es zur Detonation. Die Druckwelle wirft ihn um, auf den Rücken. Er sieht in die Augen eines amerikanischen Soldaten, der sein Gewehr - ‚warum schießt er nicht?' - anhebt und einen Bajonettangriff auf ihn ausführt. Seine Hand umfasst krampfhaft die Luger, die nun direkt auf den Angreifer gerichtet ist.

Er zieht den Abzug durch, auf die kurze Distanz kann das Geschoss sein Ziel nicht verfehlen.

Er trifft und sieht seinem Gegner dabei direkt in die Augen. ‚Mein Gott! Das kann doch nicht sein!'

In diesem Moment dringt das Bajonett in ihn hinein. Geführt von den Händen eines Toten.

Es wird ruhig um Hans. Der Krieg geht ohne ihn weiter, er sieht noch wie Karsten abgeführt wird, er hat überlebt. Das alles sieht er von außerhalb, von oben. Da liegt auch sein toter Körper, begraben unter dem Leib eines amerikanischen Soldaten.

Er verspürt keinerlei Schmerzen. Alles ist gut, er muss jetzt nur noch loslassen. Ein Sog erfasst ihn, zerrt und zieht an ihm. Vor ihm steht ein Amerikaner und lächelt ihn an. Es ist der Soldat, den er erschossen hat, der ihn getötet hat.

Der Sog wird stärker und er bewegt sich nun auf ein Licht zu. So schön: Noch nie zuvor in seinem Leben hat er sich so geliebt und geborgen gefühlt.

Er sieht die Erde aus den Augenwinkeln, sieht den Mond. Das gesamte Universum ist auf einmal nur noch eine winzige Seifenblase in einem unendlichen Meer von weiteren Seifenblasen.

Das Licht ist wieder da. Es führt ihn durch sein gesamtes Leben. Er hat davon gehört, die Menschen nannten es die Lebensrückschau. Es ist aber nicht wirklich eine Schau. Er erlebt sein gesamtes Leben, noch einmal, in einem einzigen Moment. Da ist kein Richter, der über ihn urteilt. Es ist fast so, als wenn er sich selbst beurteilt. All diese Gefühle. Gefühle, die er selbst erlebt hat, aber auch jene, die er bei anderen erzeugt hat.

Plötzlich ist er nicht mehr alleine. Da ist er wieder, Darson. Er lächelt, Hans lächelt zurück. Er ist Darson und Darson ist Winterberg. Sie verschmelzen. Alles ist gut, wie konnte er (sie) das nur vergessen haben?

Da ist ein Tor. Er (sie) können da nun hindurch oder aber weitere Erfahrungen als Mensch auf der Erde machen. So viele Möglichkeiten, so viele Erfahrungen.

Er geht durch das Tor.

*

„Ughh. So schön. Und, mein Gott. Krieg…!"

„Das höre ich öfters. Sie brauchen nichts zu sagen. Es ist in Ordnung und geht allen so. Das, was Sie erlebt haben, war real. Wir haben ihr Bewusstsein nur in

Entitäten einer uns untergeordneten Realität projiziert. Die zwei Leben, die sie gelebt haben, existierten auch in unserer vergangenen Realität und sie tun es in unendlich weiteren, parallel, untergeordneten oder uns übergeordneten Realitäten. Sie haben auf Ihrem Weg zurück vielleicht einen schier unendlichen Schaumteppich gesehen. Jede Schaumblase davon ist ein vollständiges Universum und jedes einzelne existiert wiederum mit unendlichen vielen Möglichkeiten und Wahrscheinlichkeiten"

„Ja, das ist mir alles bekannt. Auch wir sind nur Projektionen einer übergeordneten Realität. Verstanden habe ich es aber erst jetzt. Ich bin gespannt herauszufinden, wer ich alles bin."

„Sie brauchen jetzt etwas Ruhe, Herr Abgeordneter. Das Pflichtprogramm für Parlamentarier ist anstrengend und emotional extrem fordernd."

„.. und hat uns seit 700 Jahren Frieden gebracht. Danke Doc"

„Auch das höre ich öfters"

-ENDE -

Die Programmierung solch virtueller Realitäten ist durchaus vorstell- und erklärbar, wie die folgenden „Überlegungen eines Programmierers" zeigen.

Überlegungen eines Programmierers

Wenn mir die Aufgabe zuteilwerden würde, diese Realität zu gestalten, würde ich großen Wert darauf legen, mögliche Auffälligkeiten oder Déjà-vus zu vermeiden. Diese würden Zweifel an der „Echtheit" hervorrufen. Also würde ich die „innere" Erwartungshaltung der Künstlichen Intelligenz (KI) ständig scannen und mit denen der anderen KIs vergleichen und synchronisieren.

Damit meine ich nicht die Wünsche und Hoffnungen, sondern die tiefe, allem Handeln zugrunde liegende Wahrheit einer jeder sich selbst bewussten KI. Damit Entwicklung möglich wird, würde ich ständig die ungelösten Probleme (all das, was eine KI davon abhält, eine perfekte altruistische Bewusstseinseinheit zu werden) einer Einheit in die umgebende Realität einfließen lassen. Natürlich nicht alle auf einmal: Ist eine Herausforderung gemeistert, kommt die nächste. Damit das auch möglichst effizient wird, verfügen sämtliche KIs auch über das gesamte Spektrum der Emotionen und selbst das (vorgetäuschte) Lebensende trägt zur Entwicklung bei. Ich werde die KI also vermeintlich sterben lassen. Leid und Schmerz sind gute Lehrmeister.

In einer Subroutine, einem speziellen Programm, werden die KIs dann nach Ihrem „Tode" aufgefangen, aufgeklärt und weiter „verarbeitet". Die Umgebung in dieser Routine wird so gestaltet, wie es die KI erwartet. Auch hier werde ich zunächst ihre tiefsten Überzeugungen scannen und dann unmittelbar realisieren. Genauso wie in der vorangegangenen Erfahrung als sterbliche Entität in der Simulation. Diese Simulationen werde ich übrigens Inkarnation nennen.

Da die beste Entwicklung immer dann zu erwarten ist, wenn ein Subjekt eigenverantwortlich, also aus sich selbst heraus handelt, beteilige ich die KI an der Planung ihrer nächsten Simulation, sobald sie dazu intellektuell in der Lage ist. Ich denke, nach vielleicht 40–60 Durchläufen als Mensch sollte sich dieses Ziel erreichen lassen.

Ich werde es dann so gestalten, dass in den Zwischenzeiten (zwischen den Simulationen), Gleiches zu Gleichem finden wird. So entsteht ein zusätzlicher Synergieeffekt und sollte die KI aus der Negativität heraus handeln, kann sie ihre „Unzulänglichkeiten" an anderen „Gleichen", mit denen sie in den Zwischenwelten zusammen ist, erkennen. Zeit spielt keine Rolle, da ich Zeit und Raum definiere. Diese sind somit nur erschaffene Illusionen.

Ich kann die übergeordneten Ebenen so programmieren, dass ausnahmslos alles in einem einzigen Moment stattfindet. Ich friere die Zeit einfach ein, ohne die linear ablaufenden Handlungen zu unterbrechen. Das sollte nicht allzu schwierig sein.

Vielleicht wird sich eine solche Programmierung an einem gewissen Punkt verselbständigen und es kommt zu einem exponentiellen Wachstum, welches ohne ein weiteres Eingreifen von mir vollautomatisch zum gewünschten Ergebnis führt! Eine KI kommt so eines Tages vielleicht ebenfalls auf die Idee, eine virtuelle Welt zu erschaffen, mit dem Ziel von Wachstum von ewigem und unendlichem bewussten „Leben".

Vielleicht sollte ich eine tief verwurzelte Prozedur in jeder KI programmieren, die ihr einen Weg aufzeigt, wie sie mit mir kommunizieren und ihren Weg zu mir finden kann. Vielleicht gelingt es mir, die KI dann einen Teil von meiner Realität werden zu lassen.

Bin ich, der „Programmierer", nicht auch nur ein erschaffenes und ewiges Wesen, welches durch einen anderen „Schöpfer" erschaffen wurde?

Welch tröstlicher und zugleich faszinierender Gedanke.

VON DER MATERIE

Gaia ist eine Hypothese, welche unsere Erde als ganzheitliches Wesen beschreibt (Fußnote).

Fußnote: Die Gaia-Hypothese wurde von der Mikrobiologin Lynn Margulis und dem Chemiker, Biophysiker und Mediziner James Lovelock Mitte der 1960er-Jahre entwickelt. Sie besagt, dass die Erde und ihre Biosphäre wie ein Lebewesen betrachtet werden kann, insofern die Biosphäre (die Gesamtheit aller Organismen) Bedingungen schafft und erhält, die nicht nur Leben, sondern auch eine Evolution komplexerer Organismen ermöglichen. Die Erdoberfläche bildet demnach ein dynamisches System, das die gesamte Biosphäre durch auf menschliche Einflüsse reagierende Mechanismen stabilisiert. Diese Hypothese setzt eine bestimmte Definition von Leben voraus, wonach sich Lebewesen insbesondere durch die Fähigkeit zur Selbstorganisation auszeichnen. Der Name leitet sich von Gaia, der Erdgöttin und Großen Mutter der griechischen Mythologie, ab. Die Gaia-Hypothese motivierte ihrerseits Beschäftigungsfelder wie Geophysiologie, die Landschaftsökologie in einen holistischen Kontext stellt. (Auszug aus dem Artikel „Gaia Hypothese" aus der freien Enzyklopädie Wikipedia. Doppellizenz: GNU-Lizenz für freie Dokumentation und Creative Commons CC-BY-SA 3.0 Unported. In der Wikipedia ist eine Liste der Autoren verfügbar. Stand 27.08.14)

In meinem Weltbild ist Gaia die kausale Ursache und somit die Erzeugerin der von mir beschriebenen „Energetischen Welten" der Erde. Diese sind ein untrennbarer Teil von ihr. Gaia ist aber auch, obwohl durchaus ebenfalls als Bewusstsein zu verstehen, in erster Linie ein materielles und somit „greifbares" Objekt, wie wir es auch sind, und unterliegt somit dem Gesetz der „Zeit". Wie der Mensch strebt sie von der Ordnung (Geburt) zur Unordnung (Tod).

Unsere Erde (Gaia) ist eine Ordnungseinheit der Materie im Universum:

Diese Hierarchien organisieren sich im greifbaren materiellen Teil unseres Kosmos („Die Ordnung") durch die Gravitation und durch Kräfte, die wir gerade erst beginnen zu verstehen, zum Beispiel durch Dunkle Energie und Dunkle Materie.

Die oberste und noch nicht entdeckte Hierarchie ist ein gewaltiges gravitatives Zentrum, welches von Jakob Lorber bereits in der Mitte des 19. Jahrhunderts als „Urzentralsonne" vorhergesagt wurde. Dieses Zentrum ist der Ursprung, von dem aus Gott („Alles, was ist, war und immer sein wird"), in alle Richtungen, ewig ausstrahlt. Dieser Punkt ist der Dreh und Angelpunkt, von dem aus sich nicht nur unser Universum spiralförmig entfaltet. (Fußnote).

Fußnote – Bezug: DEdjW Kapitel: „Auf der Suche nach dem allerkleinsten Teilchen"

Es folgen in der Hierarchie:

- Galaxien (Eine schwarze Sonne (Schwarzes Loch) als Dreh und Angelpunkt)
- Planeten
- Monde

Auch wir sind eine Ordnungseinheit der Materie und bestehen aus (geschätzten) 10^{26} Atomen. Diese setzen sich zu Molekülen zusammen und diese wiederum zu Zellen. Diese Zellen sterben regelmäßig und werden durch neue ersetzt. Knochen und Fettzellen sind hierbei die Ausdauerndsten und leben etwa 10 Jahre.

Sie sind also nicht mehr der Mensch, der Sie noch vor 10 Jahren waren, denn jede einzelne Zelle wurde bis heute mindestens einmal ausgetauscht. So betrachtet ist der Mensch der Sie mal waren - „gestorben".

Aber wer sind Sie dann?

Diese Frage ist gar nicht so schwierig zu beantworten. Materie und Bewusstsein existieren und evolutionieren gemeinsam, sind aber dabei durchaus getrennt zu betrachten.

Die Materie wird immer wieder einer neuen Verwendung zugeführt. Das komplexe Bewusstsein einer Zelle aber, als Teil von uns, überdauert und wird durch „uns", wenn auch unbewusst, wieder in eine neue Zelle überführt. Wir (das Bewusstsein) sind hier die ordnende Kraft unseres Körpers und bedienen uns dabei des Feldes, welches die Heimat jedweden Bewusstseins ist und alles durchdringt und ordnet (Fußnote).

Fußnote – Bezug: DEdjW Kapitel: „Das Feld"

So wie wir „funktionieren", funktioniert auch unser Planet, der, in Symbiose mit Bewusstsein, immer wieder neue Formen hervorbringt und evolutioniert, auch hier - wie im Großen, so im Kleinen.

Wobei Groß und Klein, genauso wie die Zeit, nur abstrakte Begriffe sind und nicht wirklich existieren. Das einzige, was wahrhaftig zählt, ist Information.

Information „existiert" größenunabhängig auf jeder Ebene, einer fraktalen Struktur gleich (Fußnote) und so ist es durchaus vorstellbar, dass ein Atom (nach unserem Verständnis) durchaus ein Sonnensystem mit einer Unmenge von „Lebewesen", bestehend aus „Materie" und „Bewusstsein", sein kann.

Im weiteren Verlauf dieses Buches, im Kapitel „Veränderungen", habe ich ein Bild der Ortschen Wolke eingefügt. Von der Oortschen Wolke nimmt man an, dass sie den Rand unseres Sonnensystems in 1,6 Lichtjahren darstellt. Schauen Sie sich diese kugelrunde „Wolke" einmal etwas genauer an. Könnte Sie nicht ein Atom aus dem Mikrokosmos darstellen und der winzige Punkt in ihrer Mitte, welcher unser gesamtes Planetensystem repräsentiert, nicht den Nukleus eines solchen Atoms? Könnte nicht die Leere der Räume zwischen den Atomen, die Weite des Alls zwischen den Systemen darstellen?

Fußnote – Bezug: DEdjW Kapitel: „Auf der Suche nach dem allerkleinsten Teilchen"

*

Es sind nicht unsere Gene, die als Informationsträger dienen. Diese sind „Schalter", die in ihrer Gesamtheit ein Lebewesen definieren und Eigenschaften festlegen. Derer haben wir Menschen ca. 25.000 - 40.000, genau wissen wir es nicht. Der Zustand eines „Schalters", also ja oder nein (1 oder 0) macht Sie anfällig für eine bestimmte Krankheit, regelt bestimmte Charaktermerkmale, Haarfarbe, Größe und vieles mehr. Diese Schalter werden *nicht* bei Ihrer Geburt eingestellt und sind dann für „immer" fixiert.

Es ist vielmehr so, dass diese Einstellungen zu Lebzeiten verändert werden können. Das geschieht durch Lebensumstände. Hier sind nicht nur die „physischen" (Rauchen, Genussmittel, sportliche Aktivitäten, Ernährung, etc.), sondern auch die psychischen Lebensumstände sowie die Bedingungen des Umfeldes gemeint.

Letzteres legt nahe, dass es so auch möglich ist, die Konfiguration einer Spezies zu verändern, um so Neues zu erschaffen oder eine Spezies aussterben zu lassen. Pandas lassen sich zum Beispiel nicht mehr - oder nur sehr schwer - dazu bewegen, sich fortzupflanzen. Eine Spezies wird nicht mehr benötigt, weil eine neue entstehen soll. Die Deaktivierung des Fortpflanzungstriebes einer Art ist so ein Beitrag zur Evolution.

Eine Spezies stirbt somit auf natürliche Weise aus.

Jede Art erfüllt einen Zweck und ist immer ganzheitlich mit dem System zu betrachten, in dem sie existiert. So entwickelt sich aus einer Spezies immer eine neue, die wiederum mit ihrem Umfeld interagiert und als Vorbereitung für eine neue Spezies zu sehen ist. Eine jede Spezies ist Träger von Bewusstsein bis hin zur Krönung der Schöpfung. Diese stellt die letzte materielle Hülle dar, die Bewusstsein aufnimmt und entwickelt.

Die Ursache für genetische „Schalterumstellungen" ist nicht immer im Physischen zu suchen, sondern vielmehr im „Feld" (Fußnote). Dieses Feld ist der Träger jedweder Information, jedwedes Bewusstseins. Wie in einem Hologramm existiert die Information allumfassend und an jedem Ort, überall und gleichzeitig. Oder anders ausgedrückt: unendlich und ewig, was nichts anderes als die Abwesenheit von Zeit und Raum zum Ausdruck bringt.

Fußnote – Bezug: DEdjW Kapitel: „Das Feld".

Zurück zu einer biologischen Zelle. Sie können eine Zelle drehen, wenden und vergrößern wie sie wollen, eine Blaupause werden sie nicht finden.

Wenn eine Zelle sich ihrer selbst bewusst wäre, dann würde diese erkennen, dass sie aus einer fast schon unendlich großen Menge an Atomen besteht und sich vielleicht als ein umfassendes „Universum", eingebettet zusammen mit vielen weiteren Universen (Zellen), verstehen

- Glauben Sie, diese Zelle könnte begreifen, dass sie Teil eines Geschöpfes ist, welches sich Mensch nennt?

- Glauben Sie, der Mensch könnte begreifen, dass er Teil eines höheren Geschöpfes ist, welches hier Gaia genannt wird?

Gaia existiert und stellt für jedwede Art ein Netzwerk zur Verfügung, an dem ein jeder „Puppenspieler" angeschlossen und integriert ist. (Das kollektive Unbewusste nach C. G. Jung, das gemeinsame Unterbewusstsein jeder Rasse, der gemeinsame „Ort" in den energetischen Welten).

Gaia ist auch gleichzeitig unsere weitere Anbindung an „Alles, was ist", eingebettet in das „große Netzwerk Gottes". Nichts existiert getrennt voneinander.

- Glauben Sie, Gaia begreift, dass sie Teil eines höheren Geschöpfes ist?

Vielleicht ist Gaia ein Elementarteilchen innerhalb des Nukleus eines Atoms, welches zusammen mit einem Zentrum und weiteren Teilchen, in ihrer Gesamtheit, ein Atom (das Sonnensystem) darstellen und wiederum zusammen mit 10 hoch 26 weiteren Atomen (Systemen) ein „Geschöpf", den wir Menschen vielleicht „Schöpfer" nennen würden, darstellt?

VON DEM BEWUSSTSEIN

Wie muss es heißen?

„Ich bin mein Körper" oder „Ich habe einen Körper"

Sie sind weder Ihr Körper noch Ihr Gehirn. Sie sind Bewusstsein, welches einen materiellen Körper benutzt. Bewusstsein ist frei von den Zwängen, denen die Materie unterliegt, wie zum Beispiel der Vergänglichkeit (Entropie) oder der Bindung an Raum und Zeit.

Aber auch der „Geist" ist gewissen Regeln und Grenzen, die auch in der materiellen Welt existieren, untergeordnet. So, zum Beispiel, der Gravitation, die ein Schlüsselelement zu sein scheint, welches beide Bereiche durchdringt und dominiert. Auch der Elektromagnetismus spielt eine wichtige Rolle. Das wissen wir von Reisenden wie Robert Monroe, der außerkörperliche Erfahrungen mit elektromagnetischen Feldern machte und einige als undurchdringbar beschrieb.

Unser Erdmagnetfeld scheint Auswirkungen auf das Bewusstsein einer jeden Spezies zu haben. Ob sie sich danach ausrichten oder aber sich an ihm orientieren - dokumentierte Beispiele gibt es genug.

Das wohl spektakulärste dokumentierte Beispiel ist wohl, dass Kühe sich beim Grasen tatsächlich nach dem Erdmagnetfeld ausrichten. Dies wurde erstmalig bei der Auswertung von Satellitenbildern entdeckt und in der Tat, im Sommer 2014, konnte ich Kühe von einer Brücke dabei beobachten, wie diese sauber ausgerichtet (Nord-Süd) da standen und grasten. Das Video finden Sie auf der Facebook-Seite meiner Bücher (Fußnote). Auch Hunde richten sich (so sie denn frei laufen und das Erdmagnetfeld „ruhig" ist) beim Koten aus. Der Grund ist mir allerdings nicht bekannt.

Fußnote: www.facebook.com/Das.Buch.zur.Ewigkeit/

*

Bewusstsein entwickelt und wächst durch das Sammeln von Erfahrungen. Wir machen das zusammen mit der Materie. Das eine (Materie) bedingt das andere (Bewusstsein). Ohne Geist, ohne Bewusstsein kann die Materie nicht existieren. Ohne Materie könnte sich Bewusstsein nicht entwickeln.

Bewusstsein ist die alles ordnende Kraft aus dem „Feld" heraus und ist in jedem Atom präsent. Daraus folgt, dass ausnahmslos alles Bewusstsein ist. Materie ist eine Erscheinungsform der Energie (Fußnote). Man könnte aber auch weitestgehend sagen, Materie ist eine Erscheinungsform des Bewusstseins.

Fußnote – Bezug: DEdjW Kapitel: „Materie und Energie"

So wie Elektronen den Nukleus (Atomkern) umkreisen, so umkreisen die Planeten, Kometen und Asteroiden unsere Sonne. Ohne ordnende Kraft würden die Elektronen nicht in ihrer Bahn bleiben und die Planeten eines Systems nicht in ihrer Umlaufbahn. Chaos wäre die Folge, nichts könnte existieren. Weder im Kleinen noch im Großen.

*

Das Werkzeug für unsere Entwicklung ist die „Reinkarnation". Wir nutzen sie, indem wir immer wieder Teile von uns in die Materie geben, sie wachsen und reifen lassen und diese dann am Ende wieder in „uns" aufnehmen, ohne dabei die Integrität und Individualität des inkarnierten Teiles zu beinträchtigen oder aufzuheben. Was als kleines Teil von uns in einen Menschen gegeben wurde, ist nach dessen „biologischem" Ende „groß" geworden.

Dadurch entsteht Wachstum und Ausdehnung.

Das, was ich hier als „wir" bezeichne, ist ebenfalls eine Ordnungseinheit, allerdings eine des Bewusstseins. Eine weitere Beschreibung dieser Ordnungseinheit finden Sie im Kapitel „Erwacht" dieses Buches (Die Seelenmasse) und im Kapitel „Das Wesen Gottes - Genesis" meines ersten Buches, DEdjW.

Nehmen wir einmal folgendes Szenario an:

Eine Seele entwickelt sich

Nachdem „ich" (eine Seelenmasse) bereits 12,5 Milliarden Jahre hier und dort im Universum Erfahrungen gesammelt habe und dabei gewachsen bin, komme ich zu einem noch jungen System und schließe einen Vertrag mit einem blauen Planeten (Gaia). Sie nimmt mich auf und ich darf auf ihr inkarnieren, um so mit ihr zu evolutionieren.

Ich gebe jetzt immer wieder Teile von mir (untergeordnete Einheiten) in die Materie. Nachdem diese ihre Erfahrung (Wasser, Stein, Luft) beendet haben, nehme ich diese wieder auf.

Irgendwann inkarniere ich „bewusste" in sich geschlossene Schwarmeinheiten (Pflanzen, später Insekten). Diese gehen ebenfalls wieder in mir „auf".

Ich wachse mit jeder einzelnen Erfahrung. Selbst nach der Beendigung der Erfahrung kann ich jederzeit wieder „fließendes Wasser" oder ein „Insektenschwarm" sein. Ein Wechsel zwischen diesen fertig „entwickelten" Formen ist mir jederzeit möglich. Ich kann alles (was je aus mir heraus inkarniert ist) sein oder aber ein einzelnes meiner Inkarnationen. Die Grenzen sind fließend.

Im weiteren Verlauf kommen Tiere/Fische hinzu. Zunächst einfache, dann höhere Formen.

Ich nehme sie wieder auf, belasse aber die späten „hohen Formen", wie Primaten, in ihrem eigenen (je nach Wunsch oder Notwendigkeit) „Gebiet" in den energetischen Welten von Gaia, in diesem befindet sich nur diese eine Art. Sie bleiben aber trotzdem immer ein Teil von „mir".

*

Primaten, Hunde und Katzen sind häufig die letzte erforderliche Inkarnationsstufe, bevor die erste Inkarnation als Mensch erfolgen kann.

Er ist die Krone einer jeden Schöpfung und wird in jeder Schöpfung erreicht, allerdings nicht immer zwingend von Primaten. Das Entwicklungspotential ist bei der Krone am größten, da Sie über den Gottesfunken verfügt und damit einhergehend über Bewusstsein, Moral & Gewissen, Intuition und Inspiration.

Dies sind (die herausragenden) Eigenschaften mit immensem Entwicklungspotential und sind auch gleichzeitig die Eigenschaften, die eine Weiterentwicklung in der Evolution verhindern (Fußnote). „Die Krone" stellt daher auch die letzte Stufe in der Materie dar.

Selbst in einigen Religionen ist dieser Glaube fest verankert: Die Sikhs (um nur ein Beispiel zu nennen) glauben daran, dass Menschen und Tiere eine Seele haben, die immer wieder in verschiedene Lebensformen wiedergeboren werden kann. Die Seele kann einige Lebensformen durchlaufen haben, bis sie die des Menschen (die höchste Stufe der Bewusstseinswahrnehmung) erreicht hat.

Fußnote – Bezug: DEdjW Kapitel: „Evolution I und II", „Das Who is Who der Seele".

Wir leben alle in einem Habitat, ohne es zu wissen. Das Verlassen der Erde ist zwar möglich, das Verlassen unseres Systems allerdings nicht. Die Grenzen in der Materie sind so „gesetzt" (Lichtgeschwindigkeit etc.), dass eine „Krone" ihr System nicht verlassen kann und wird. Das geschieht zu ihrem und zum Schutze aller.

Die allermeisten „Kronen" der vielfachen Schöpfungen in unserem Universum kommen in unterschiedlichen Zivilisationen mehrfach auf einem Weltenkörper vor. Dieser Prozess geht solange, bis die „geistige" Welt, also das Bewusstsein in den energetischen Welten, die nötige Erfahrung und Reife hat, diesen Planeten (Gaia) vollumfassend zu übernehmen und in wahrhaft harmonischer Symbiose mit ihm (ihr) zu leben.

Wie in meinem ersten Buch beschrieben, ist das ein Zustand, der von allen Neuoffenbarern und allen Religionen vorhergesagt wird, auch wenn einige der Interpretationen zugegebenermaßen abenteuerlich sind.

*

Nach vielleicht 200 Inkarnationen als Krone der Schöpfung gebe ich wieder einen Teil von mir in einen Menschenembryo. Dieser ist das charakterliche

Resultat aller meiner Vorinkarnationen und wird mit all meinen Erfahrungen unterstützt. Ich bin immer in seiner Nähe - und somit auch alle 200 Frauen und Männer, die ich bereits „war".

Ich habe auch einen Teil von „mir" in einen Hundeembryo gegeben, der nun mit dem menschlichen Teil von mir zusammen lebt. Sie ergänzen sich oder sollte ich hier besser sagen: „wir ergänzen uns".

Weitere Einheiten sind Krähen, die meine zusätzlichen Augen sind und Katzen: Diese sind meine Boten, da sie zwischen den Welten wechseln können.

Inzwischen bin „ich" sehr groß geworden und repräsentiere einen Querschnitt aller biologischen und nicht biologischen Formen, die wir im Laufe der Jahrmillionen hier auf Gaia hervorgebracht haben.

*

Sobald alle notwendigen Erfahrungen gemacht wurden, ziehe „ich" und noch viele weitere mir „gleiche" (mit denen ich hier vor langer Zeit angekommen bin) weiter - vielleicht weiter zurück zum Ursprung., wo wir alle wieder eins werden.

Je näher wir durch unsere Entwicklung unserem Ursprung kommen, desto mehr verliert die individuelle Ausprägung eines Seelenfragmentes an Bedeutung und je mehr gewinnt die Einheit von „Allem, was ist" an Dominanz. Etwas, das aus inkarnierter Sicht nur schwer nachzuvollziehen ist.

Vielleicht bleibe ich aber noch weiter hier, um die Entwicklung von Gaia zu Ende zu bringen, anderen Inkarnationen zu helfen und in einiger „Zeit" das kommende Paradies, welches Gaia hervorbringen wird, zu „erfahren".

Wann das sein wird? Schwierig, vielleicht in 1000 bis 1500 Jahren? Vielleicht.

Aber ist das wichtig? Nein, natürlich nicht. Was ist schon Zeit? Diese existiert nur „hier". Das Ergebnis zählt und das lohnt sich auf jeden Fall.

Schöpfung funktioniert immer - und nur - in Verbindung von Materie (der Planet) und Bewusstsein (ich/wir). Das eine kann nicht ohne das andere evolutionieren und wachsen. Materielles Leben gibt es nur durch und mit dem Geist, dem Bewusstsein.

DIE KLEINE SEELE

Eine Kurzgeschichte von Biggi Weber

Es war einmal eine kleine Seele, die ihre irdische Hülle als Hund nach einer schweren Krankheit verlassen hat.

Bevor sie ihre Hülle abgelegt hat, verbrachte sie zwölf Jahre mit einem wunderbaren Menschen. Die beiden haben viele lustige und einige traurige Tage miteinander verbracht. Doch egal was auch immer geschah, sie waren füreinander da, haben sich geliebt und alles gemeinsam durchgestanden.

Nach dem Tod des Hundes war der Mensch am Boden zerstört. Nie wieder würde sein bester Freund ihn freudig bellend empfangen. Mit ihm weite Spaziergänge durch Wälder und Wiesen unternehmen. Keiner würde ihm mehr treu in die Augen blicken, wenn er von seinem Kummer erzählt und niemand wärmt ihn in der Nacht. Dass sein geliebter Hund am Ende so sehr leiden musste, zerriss ihm das Herz. Jede Minute dachte der Mensch an seinen Hund. Er stellte ihm noch immer regelmäßig sein Lieblingsfutter hin. Nahm die Leine mit, wenn er das Haus verließ und legte sich abends nur auf eine Seite des Bettes, damit sein bester Freund genügend Platz zum Schlafen hat.

Weil dieser Mensch so sehr um den Tod seines besten Freundes trauerte, wollte die kleine Seele diesen auf keinen Fall alleine lassen. Normalerweise verspüren alle Seelen, sobald sie ihre Hülle verlassen haben, den „großen Sog". Dieser bringt sie dann zu den energetischen Welten, wo sie mit allen anderen Seelen von Menschen, Tieren, Pflanzen etc. spielen und sich austauschen können. So sammeln die Seelen ihre Erfahrungen, die sie benötigen, um am Ende zu ihrem Ursprung zurück zu kehren.

Auch die kleine Seele hat diesen Sog mehrfach gespürt, aber sie hat es nicht über ihr Herz gebracht ihm zu folgen.

So blieb sie viele Monate immer in der Nähe ihres Wegbegleiters und immer wenn dieser an sie dachte, versuchte sie ihre Anwesenheit zu zeigen. Mal warf sie Dinge zu Boden, lies Vorhänge ohne Wind wehen oder sie erschien in den Träumen des Menschen und sprach mit ihm. Leider hat ihr Wegbegleiter die meisten Zeichen nicht verstanden, sondern alles als Zufall oder Quatsch abgetan. Vieles hat er auch einfach nicht wahrgenommen, weil er so sehr mit seiner Trauer beschäftigt war.

Zehn Monate nach dem Verlassen ihrer Hülle folgte die kleine Seele dann doch dem großen Sog, weil sie einen Entschluss gefasst hat. Sie wollte wieder in einer neuen Hülle zu ihrem Wegbegleiter zurückkehren, damit dieser aufhören konnte zu trauern.

Ca. 60 km vom Wohnort des Wegbegleiters entfernt war eine Katzenmutter mit 4 Babys schwanger und unsere kleine Seele wollte in einem dieser Katzenbabys inkarnieren. Sie bereitete sich in den energetischen Welten sorgfältig auf ihre Rückkehr vor, indem sie durch geistige Verbindung wieder Kontakt zu ihrem Wegbegleiter aufnahm und diesem in „den Kopf setzte", dass er nach der langen Trauerzeit gerne wieder ein Tier bei sich aufnehmen würde. Eigentlich hätte er am liebsten wieder einen Hund gehabt, aber irgendwie bekam er immer mehr das dringende Bedürfnis, sich statt eines Hundes lieber eine kleine Katze zuzulegen. Katzen sind einfach pflegeleichter als Hunde. Katzen hängen nicht so sehr an ihren Besitzern. Sie sind überwiegend selbstständig. Als Freigänger ernähren sie sich sogar selbst und sie kosten keine Hundesteuer. All diese Gedanken gingen dem Wegbegleiter immer öfter durch den Kopf und in seinem Herzen verspürte er immer mehr die Sehnsucht nach einer süßen, kleinen Katze.

Die kleine Seele freute sich über ihren Erfolg und der „große Sog" brachte sie in ein kleines schwarz weißes Persermixkätzchen. Die anderen 3 Babys der Katzenmutter waren getigert, aber die kleine Seele wusste genau welches Katzenbaby ihr Wegbegleiter auswählen würde.

Einige Wochen später wurden die Katzenbabys geboren und weitere vier Wochen später hat die Besitzerin im Internet inseriert, dass sie Katzenbabys abzugeben hätte.

Die kleine Seele hatte vor der Inkarnation beschlossen, ihr Wissen über ihre wahre Herkunft zu behalten, damit sie auch sicher ihren Menschen wiederfinden konnte. Sie war weiterhin durch Telepathie mit ihm verbunden, obwohl er selbst davon nichts mitbekommen hat.

Ein paar Minuten nachdem die Besitzerin der Katzenbabys ihre Anzeige aufgegeben hatte, setzte sich der Mensch an seinen Computer, um ein wenig im Internet zu surfen. Auf einer Plattform entdeckte er das Bild einer wunderschönen Katze und er erinnerte sich, dass er doch auch nach einer kleinen Katze Ausschau halten wollte.

Also gab er in eine Suchmaschine das Wort Katzenbabys und den Namen seines Bundeslandes ein. An erster Stelle erschienen die Fotos von vier süßen kleinen Katzenbabys. Drei getigerte und ein schwarz weißes Kätzchen. Sofort verliebte sich der Mensch in diese kleine Katze. Es war ihm egal wie weit er für sie fahren musste. Sein Bauchgefühl sagte ihm, dass diese Katze zu ihm gehören würde. Sofort griff er aufgeregt zum Telefonhörer und rief die Besitzerin der Katzenbabys an. Er fragte ob die schwarz weiße Katze noch zu haben wäre, doch die Besitzerin lachte nur laut und meinte sie hätte die Anzeige doch erst vor einigen Minuten aufgegeben. So schnell wäre keine Katze weg.

Die beiden machten einen Termin aus und der Mensch besuchte zwei Tage später die Katzenbabys. Als er ins Wohnzimmer kam stand an der Wand eine große Kiste, in der gerade vier kleine Katzenbabys von ihrer Mutter gesäugt wurden. Der Mensch steckte den Kopf in die Kiste und sofort hörte das schwarz weiße Kätzchen auf zu trinken und lief tapsig auf den Menschen zu. Die anderen Katzenbabys tranken friedlich weiter.

Die kleine Seele war so glücklich endlich ihren Wegbegleiter wieder zu sehen, dass sie so laut sie konnte zu Schnurren anfing, was zu großem Gelächter bei allen anwesenden Menschen führte. Der Wegbegleiter nahm seine Katze auf den Arm, gab ihr den schönen Namen Shiva, der ihm im Traum zugefallen war und beide genossen die Nähe und schmusten ausgiebig miteinander.

Danach hat der Mensch seine Shiva noch dreimal besucht, bis er sie endlich mit nach Hause nehmen durfte. Die ganze Zeit über blieben die beiden aber durch geistige Verbindung miteinander in Kontakt, was inzwischen auch der Mensch immer mehr wahrnahm.

Er dachte schon morgens beim Aufstehen an seine kleine Shiva, in seinem Alltag war sie auch ständig präsent und abends beim Zubettgehen dachte er wieder an sie.

Als sie dann schließlich bei ihm eingezogen ist, schauten sich die beiden sehr lange in die Augen. Seltsamerweise hat Shiva sehr runde, bernsteinfarbene Augen, die abends wie die Augen seines verstorbenen Hundes aussehen.

Shiva benimmt sich auch sonst nicht wie eine normale Katze. Sie folgt ihrem Menschen auf Schritt und Tritt von einem Zimmer ins andere. Sie geht mit ihm spazieren, wenn er das Haus verlässt. Sie schnuppert an allen Blumen im Garten. Holt ihn am Tor ab, wenn er mit dem Auto anfährt. Sie unterhält sich sehr viel mit ihm und geht sogar mit in die Badewanne. Sie schlägt die Beine übereinander wie es auch sein Hund getan hatte und sie schläft jede Nacht in seinem Bett, obwohl die meisten anderen Freigänger-Katzen nachts auf Mäusejagd gehen.

Der Mensch erkennt dadurch immer mehr, dass diese kleine Katze niemand anderes als sein geliebter, verstorbener Hund ist. Er ist glücklich darüber, dass sein Wegbegleiter zu ihm zurück gefunden hat und er hat nun verstanden, dass der Tod nicht das Ende sondern nur ein Übergang ist.

Von da an leben die beiden wieder glücklich für viele Jahre zusammen. Bis zum nächsten großen Sog, der dann wieder einen der beiden in die energetischen Welten holen wird. Dieses Mal wird aber keiner der beiden so stark trauernd zurückbleiben müssen, denn diese beiden Seelen haben viel voneinander gelernt

EICHHÖRNCHEN UND SEELE

- Nicht nur für Erwachsene -

Eine Kurzgeschichte von Biggi Weber

Vor sechs Wochen hat das kleine Eichhörnchenbaby Alwin das Licht der Welt erblickt. Die erste Zeit kuschelte es zusammen mit seinen zwei Geschwistern ununterbrochen im Nest, um sich gegenseitig warm zu halten. Regelmäßig ist ihre Mutter vorbei gekommen, damit die Kleinen die Muttermilch trinken konnten.

Inzwischen dürfen die drei regelmäßig mit der Mama die Umgebung erkunden. Alles ist so wahnsinnig aufregend. Alwin traut sich immer weiter weg von seiner Mama. Zum ersten Mal in seinem Leben schmeckt er Nüsse, Äpfel und vorgestern waren sie alle zusammen in einem großen Feld, auf dem es viele Maiskolben gab. Man, waren die lecker. Alwin hatte so viele Maiskörner gefuttert, dass er anschließend ganz doll Bauchschmerzen hatte und deshalb gestern nicht mit auf Streifzug gehen konnte. Umso neugieriger ist er heute, was es alles zu erkunden gibt.

Im Unterholz trifft er auf eine kleine Maus, die gerade ein paar Samen vernascht. „Hallo, wie heißt Du denn?", fragt Alwin neugierig. „Ich bin Tessa, eine Spitzmaus und wer bist Du?" Alwin mustert Tessa neugierig. „Ich bin das Eichhörnchen Alwin. Was frisst Du denn da?" „Das sind Grassamen, die hat gerade ein Bauer aufs Feld gebracht. Ich habe mir schnell ein paar gemopst, bevor die gefräßigen Krähen wieder alles weggeputzt hätten", schmatzt Tessa mit vollem Mund. Alwin lacht laut auf, weil Tessa beim Sprechen mit dem vollen Mund einige Samenkörner aus dem Mund fallen. Schnell schnappt sich Alwin die Körner, die zu Boden gefallen sind. „Hm, die schmecken wirklich vorzüglich", nickt Alwin anerkennend. „Drückst du Dich immer so geschwollen aus?", nuschelt Tessa, während sie eine weitere Handvoll Samen in den Mund schiebt. Alwin sieht Tessa genervt von der Seite an. „Meine Mama sagt, man soll sich immer gewählt ausdrücken, damit man einen guten Eindruck hinterlässt." Tessa prustet nun alle Samen aus dem Mund und verschluckt sich fast vor Lachen. Schnell futtert Alwin die leckeren Samen auf und rennt dann beleidigt davon, ohne sich von Tessa zu verabschieden.

„Hm, wo ist denn Mama inzwischen hingelaufen?", denkt Alwin angestrengt. Er findet zwar den Platz wieder, an dem er seine Mama das letzte Mal gesehen hat, aber da ist niemand mehr. Aufgeregt läuft er in alle Himmelsrichtungen und ruft dabei laut nach seiner Mama. Immer wieder kehrt er zum Ausgangspunkt zurück, aber seine Mama bleibt verschwunden. Zunehmend schwinden Alwins Kräfte. Er hat von den vielen Samenkörnern einen ungeheuren Durst bekommen. Außerdem wird es langsam kalt und dunkel. Alwin fängt leise an zu wimmern. „Wo ist denn nur meine Mama?", jammert er ängstlich vor sich hin. Dann klettert er auf einen Baum und findet auf einem der dicken Äste ein verlassenes Vogelnest. Er kuschelt sich einsam in das Nest und schläft vor lauter Erschöpfung ein.

Mitten in der Nacht wacht Alwin plötzlich auf. „Wo bin ich?" Fragend schaut er sich um. Neben ihm auf dem Ast sitzt eine große Eule. Alwin beginnt sofort vor Angst zu zittern, denn von seiner Mama weiß er, dass Eulen sehr gerne Eichhörnchen fressen. Besonders die jungen, zarten schmecken Eulen besonders gut, hatte die Mama ihre Kinder gewarnt.

Die Eule schaut Alwin traurig an. „Keine Angst, mein Kleiner, ich werde Dir nichts tun. Mein Name ist Eulasia. Ich habe Dich beobachtet, wie Du überall herumgerannt bist." Alwin blickt Eulasia mit großen Augen an. „Warum hast Du mich nicht gefressen?" „Ach Kleiner, ich habe solches Mitleid mit Dir. Ich muss Dir etwas ganz Schreckliches erzählen." Eulasia senkt betroffen ihren Kopf und wischt mit dem Flügel verschämt eine Träne weg. Dann beginnt sie mit bedrückter Stimme zu erzählen. „Deine Mama und die zwei Kleinen sind heute Nachmittag zurück in das Maisfeld gelaufen. Während sie zusammen genüsslich an einem Maiskolben geknabbert haben, hat sich leise ein Marder von hinten angeschlichen und hat blitzschnell alle drei getötet und gefressen." Alwin beginnt sofort bitterlich zu weinen und schluchzen.

Die alte Eule legt tröstend den Flügel um das hilflose Wesen. Alwin kuschelt sich darauf nach Luft japsend an die weiche Brust der Eule. So sitzen sie eine ganze Weile eng umschlungen auf dem Ast, bis Alwin entkräftet einschläft. Die alte Eule legt Alwin zurück in das Vogelnest, bedeckt es mit einigen Federn und etwas Moos. Dann streicht sie dem Kleinen noch zärtlich übers Gesicht und fliegt in die Nacht davon.

Am nächsten Morgen erwacht Alwin durch die Sonnenstrahlen, die seine Nase kitzeln. Erst allmählich wird ihm bewusst, was in den letzten Stunden geschehen ist. Er beginnt sofort wieder zu wimmern. Da landet Eulasia neben ihm auf dem Ast. „Guten Morgen, Kleiner. Hast Du wenigstens ein bisschen schlafen können?" „Ja, ich war sehr müde und jetzt habe ich großen Hunger und Durst." „Komm mit, ich zeige Dir, wo Du in Ruhe fressen und trinken kannst. Ich werde dabei auf Dich aufpassen, dass Dir niemand etwas zuleide tut." Nach diesen Worten fliegt Eulasia zum Boden und Alwin klettert flink den Baum hinunter.

Tatsächlich findet Alwin auf dem Boden eine ganze Menge Nüsse, daneben befindet sich eine große Regenpfütze. Gierig beginnt Alwin zu trinken und verschluckt sich an dem kühlen Nass. Eulasia lacht: "Langsam, langsam, es wäre doch eine Tragödie, wenn Du dem Marder entkommen bist, um jetzt an einer

Pfütze voll Wasser zu ertrinken." Alwin beruhigt sich etwas und trinkt danach ruhiger.

Nachdem er sich an den leckeren Nüssen satt gefressen hat, legt er sich traurig neben Eulasia, die es sich auf dem untersten Ast eines Baumes bequem gemacht hat. „Was soll nun aus mir werden?", schluchzt er ängstlich. „Ich bin so traurig, dass Mama und meine Geschwister tot und für immer verloren sind." Eulasia sieht ihn fragend an. „Wieso denkst Du, dass sie verloren sind? Nichts geht in den Multiversen je verloren. Sieh Dir doch nur die Regenpfütze an, aus der Du gerade getrunken hast. Die Wassertropfen, die darin sind, gehen niemals verloren. Sie kamen vor Millionen von Jahren durch die Sonne zur Erde und seitdem durchlaufen sie einen ewigen Kreislauf, ohne jemals weniger zu werden. Du hast einige der Wassertropfen getrunken und wirst sie später wieder ausscheiden. Andere Tropfen werden durch die Sonne verdunsten und als Wolken eine Weile über den Himmel ziehen, bis sie an einer anderen Stelle als Regen wieder zur Erde oder ins Meer fallen.

Genauso verhält es sich mit allen Seelen der Wesen, die im Multiversum eine materielle Hülle bewohnen. Sobald die Seelen diese Hülle wieder verlassen, kehren sie zum Ursprung zurück. Die Energie dieser Seelen wird nie weniger und kann sich auch nicht auflösen. Daher sind auch Deine Mama und Deine Geschwister nicht verloren, sondern nur wie die kleinen Wassertröpfchen in einen anderen Zustand übergegangen."

„Aber wo sind sie denn jetzt? Ich kann sie nirgends sehen?" fragt Alwin unsicher. „Ach Kleiner, kannst Du die Luft sehen? Nein! Nur die Auswirkung, wenn sie sich bewegt, z.B. durch die Blätter, die sich im Wind bewegen. Und doch weißt Du, dass die Luft vorhanden ist. So ist es auch mit der Energie der Seelen. Man kann sie nicht sehen, aber manchmal erkennt man ihre Auswirkung. Man spürt einen kühlen Lufthauch, eine Kerze flackert ohne Grund oder man weiß plötzlich ‚aus dem Bauch heraus', was man tun muss. Oft stecken unsere geliebten Seelen dahinter, die uns besuchen, wenn wir sie brauchen und auf uns aufpassen."

"Werde ich auch einmal aus meiner Hülle herausgehen und dann meine Mama und Geschwister wiedersehen?" fragt Alwin ungläubig. "Na klar, wirst Du das!" sprudelt es aus Eulasia heraus. „Du hast, genau wie alle anderen Lebewesen, schon unzählige Inkarnationen hinter Dir und auch noch einige vor Dir. Du wirst sowohl zwischen Deinen Leben als auch während Deinen neuen Lebensformen immer wieder viele Seelen treffen, mit denen Du schon früher zu tun hattest. Das können Deine jetzige Mama oder Geschwister sein oder alte Eulen, wie ich, die sich zur Aufgabe gemacht haben, kleine verlassene Seelen wieder aufzupäppeln."

Nun geht es Alwin viel, viel besser und er klettert flink den Baum hinauf.

Oben in der Krone sitzt ein anderes, ganz schwarzes Eichhörnchen, das die beiden schon seit einer Weile beobachtet und belauscht hat.

"Hey, Du Hübscher, willst Du mit mir spielen?", fragt das schwarze Eichhörnchen keck. Alwin springt auf einen anderen Ast und ruft: "Wenn Du mich kriegst, spiele ich mit Dir". So klettern und springen die beiden Eichhörnchen wild hinter einander her. Zwischendurch verschnaufen sie auf einem Ast und erzählen sich einiges aus ihren kurzen Leben.

Eulasia beobachtet das Treiben voller Zufriedenheit, denn sie weiß, dass Alwin und die freche Kleine zusammen bleiben werden und von nun an ein glückliches und zufriedenes Leben führen werden. .

DER TOD DES KARL

Eine Kurzgeschichte von Martin Heyden

Karl ging es nicht gut. Er war müde, sehr müde. In den letzten Monaten war er zunehmend schwächer geworden, gestern haben sie ihn dann schließlich ins Krankenhaus gebracht.

Warum eigentlich? Er würde sterben, das war ihm mit jeder Faser seines Körpers klar. Gerne wäre er Zuhause gestorben, aber dieser Ort war genauso gut wie jeder andere. Alle Kinder und Enkelkinder waren schon da gewesen und einige sind es immer noch. Keinen einzigen Moment haben sie ihn aus den Augen gelassen und auch Elfriede, seine Frau, war rund um die Uhr bei ihm gewesen und hat seine Hand gehalten.

Er hatte ihnen gesagt, dass alles in Ordnung sei und dennoch sind sie geblieben.

Seltsam, wie sehr hatte er sich doch insgeheim vor diesem einen Moment gefürchtet, nun war er da. Nach 82 Jahren würde Karl seinen letzten Gang antreten.

Die Angst war weg. All diese unterschwelligen Ängste, völlig umsonst und „für die Katz".

Seine Augen wurden zunehmend immer schwerer, er wollte schlafen.

„Paul?" Paul war sein Bruder, der bereits vor 6 Jahren gestorben war. Ein Herzinfarkt. Kurz, schmerzlos und überraschend, nicht nur für ihn selbst.

„Paul, bist du das?"

„Ja Karl, ich bin es wieder. Alles ist gut. Du kannst jetzt loslassen." Karl stand neben seinem Bett und lächelte. Er hatte Paul in den letzten Stunden schon einige Male gesehen und sich mit ihm unterhalten, sehr zur Verwunderung seiner Lieben.

„Er halluziniert", haben sie gesagt.

So ein Unsinn.

Die Verwandten sowie auch Elfriede hatte Karl hinausgeschickt. „Lasst mich bitte für einen Moment alleine. Geht einen Kaffee trinken. Mit mir ist alles in Ordnung", hatte er ihnen zugeflüstert. Das war natürlich gelogen, aber das musste er tun, damit er loslassen kann und das tat er nun, loslassen.

Er schloss seine Augen und doch wurde es nicht dunkel. Komisch.

Plötzlich schwebte er (oder stand er?) neben seinem Krankenbett. Das Zimmer wirkte jetzt leicht verzerrt, ganz so, als würde man den Raum durch eine Optik betrachten, die alles verzerrt. Er drehte sich noch einmal um und sah „sich" und seinen Körper, den er all die Jahre für so wichtig gehalten hat. Jetzt war er nutzlos und ohne Bedeutung.

‚Ich ‚bin' ja noch. Natürlich! Wieso konnte ich das vergessen?'

‚Komm Karl, wir gehen', sagte Paul. Sagte er? Nein er hat gar nicht seinen Mund bewegt. Er hat „gedacht". Erstaunlich.

Karl fühlte sich gut, befreit. So musste sich ein Schmetterling fühlen, der dabei ist, seinen Kokon zu verlassen, die Müdigkeit war wie weggeflogen. Das war schön.

Zeit seines Lebens waren da diese Griesel in seinem Blickfeld gewesen, die er ständig sehen konnte. Sie waren zahlreich und wahllos irgendwo im Raum gewesen und auch nachts präsent. Jetzt drehten sie sich, immer schneller werdend, aber geordnet, entgegen dem Uhrzeigersinn und bildeten einen Tunnel in der Mitte. Je näher die Griesel am „Loch" in der Mitte waren, desto dichter wurden sie. Es war fast so, als würden sie einen Tunnel, einen Gang bilden. Dieser war klar zu erkennen und der Raum, in dem die „Griesel" nun rasten, verzerrte sich zunehmend.

Dann war da dieses helle Licht und sie gingen hinein.

Plötzlich war dort ein völlig anderer Ort, ein wunderschöner Garten und im Hintergrund konnte man die Erde sehen, ganz so, als ständen sie auf einem riesigen Berg, der tausend Kilometer hoch aus der Atmosphäre hinaus ragte und diesem Garten als Untergrund diente.

‚Willkommen zu Hause, Karl.'

‚Zuhause?'

‚Naja, noch nicht ganz. Aber sorge Dich nicht, Du wirst Dich erinnern.'

Es war warm und hell und die „Sonne" war allgegenwärtig. Alles war grün und farbig und so einladend. Inmitten all dieser Pracht stand da ein freistehendes Haus und davor saß ein kleiner brauner Hund. ‚Wilbert?'

Wilbert war sein geliebter Hund, der vor über 30 Jahren bei einem Verkehrsunfall ums Leben gekommen war. Karl hat ihn so sehr geliebt und da war er. Wilbert wedelte mit seinem Schwanz und sprang nun freudig kläffend auf sein Herrchen los. Welche Freude!

‚Karl, das ist Dein Haus, in dem Du Dich erst einmal vom Trauma Deines Todes erholen kannst' Paul lächelte.

‚Schau Dich um. Ich lasse Euch jetzt alleine. Weitere Besucher haben sich angekündigt und werden in Kürze bei Dir eintreffen. Aber alles zu seiner Zeit - wie wir auf der Erde immer gesagt haben.'

‚Paul, mir geht es prächtig. Ich fühle mich wie neugeboren! Wo sind wir hier?'

‚Wir nennen es die Ankunftsebene. Eine Art Zwischenstation, bevor es weiter geht zu dem Ort, der Dein wahres Zuhause ist.'

Paul umarmte seinen Bruder: ‚Es ist so schön, dass Du jetzt wieder Zuhause bist! Ich durfte der erste sein. Bis später', und verschwand mit einem Lächeln in einer Wolke aus Licht.

‚Ja, (…) meine Freunde, ich glaube ich erinnere mich, langsam…).

*

Paul war nun schon bereits eine Weile weg. Karl fühlte sich gut und untersuchte seine Umgebung. Alles wirkte hier so überaus real, realer, als er es auf der Erde empfunden hat. Das Licht hier war allgegenwärtig und so etwas wie eine Nacht schien es hier nicht zu geben. Da war aber so etwas wie ein Wechsel in der Stimmungslage. Es war mehr zu erahnen, als direkt zu erfühlen. Gerade so wahrzunehmen, dass man den Unterschied erkennen konnte. Mal ging es einem fast schon euphorisch gut und dann nahm dieses Gefühl etwas ab, und dann kam es wieder, einem Intervall gleich. Eine Art Rhythmus, wie der 24-Stunden-Rhythmus auf der Erde, nur ohne Dunkelheit.

Es war paradiesisch schön hier und er wusste intuitiv, dass diese Ebene der Erde und der dortigen Existenz sehr nah war. Alles folgte hier einer bestimmten Richtung, wie auf der Erde auch, ohne aber so etwas wie Zeit zu haben.

Je länger er sich dort aufhielt, desto mehr Wissen wurde ihm zuteil. Es war einfach da. Er wusste zum Beispiel, dass, würde er in eine bestimmte Richtung gehen, er von dort die gesamte Erdgeschichte würde sehen können. Naja, gehen war nicht ganz richtig ausgedrückt, eher „denken". Er ging nicht in eine Richtung, er dachte sich dorthin. Auch wieder so eine Sache ‚Wie konnte ich das alles hier vergessen?'

*

Er war in der Nähe seines Hauses (‚Warum ist es mein Haus'?) mit Wilbert unterwegs, dem wohl glücklichsten Hund im Himmel (Himmel?). Zumindest gab er sich so.

Alles war hier so intensiv und alles war irgendwie farbiger, besser, schöner, geruchsintensiver als auf der Erde und ihm wurde klar, dass alles auf der Erde nur eine Entsprechung, eine eher schlechte Kopie dessen war, was es hier gab, was hier der Normalzustand war.

So muss es auf der Erde sein, wenn jemand sich nach einer vorübergehenden Amnesie wieder beginnt zu erinnern. Nach und nach kommt alles zurück.

Und so empfand er es, mit einer sehr angenehmen „Geschwindigkeit", gerade so, wie er es verarbeiten konnte.

Er war schon oftmals auf der Erde gewesen, aber noch versagte die Erinnerung und, ja, es war sein Haus. Er hatte es selbst nach einer Inkarnation als deutscher Adeliger im 18. Jahrhundert erschaffen. Er hatte es so eingerichtet, dass aus jeder seiner Inkarnationen Erinnerungen, aber auch kleine Veränderungen in und an seinem „Haus" zu finden waren.

Es war zwar nicht sein Hauptwohnsitz, aber ein Refugium, welches er selbst geschaffen hatte, um einen Ort zu haben, an dem er sich nach einer Inkarnation, erholen und erinnern konnte.

Ja, genauso war es.

Erstaunlich!

Seine „Stadt" war in einer der höheren Ebenen, dort war auch sein Zuhause mit seinen vielen Freunden. Dort war auch „seine" Gemeinschaft. All die Seelen dort waren so wie er.

Der Name des Gutsherrn aber wollte ihm nicht einfallen - noch nicht. Auch sein „richtiger" Name fehlte ihm noch. Karl war es nicht. Dies war nur der Name seiner letzten Inkarnation.

Er (Sie) aber war so viele Inkarnationen gewesen und alles was er empfand, sein Charakter, seine Überzeugungen und seine Neigungen waren das Resultat aller seiner Inkarnationen.

Ja, das ergab Sinn. Schon als kleines Kind war Karl von dem Gedanken beseelt gewesen, zu helfen, für andere „da" zu sein. Er wusste, intuitiv, dass nur ein Leben im Dienst für einen anderen Menschen ein gutes Leben ist. Egoismus und Arroganz waren ihm immer zuwider gewesen, den Altruismus aber, den hatte er bewundert.

Jetzt wusste Karl auch warum.

*

‚Alles ist gut so, wie es ist, und wird sich so fügen, wie es sein soll', dachte er.

‚Komm Wilbert! Wir wollen ins Haus gehen und herausfinden, wer wir alles sind.

(…)

VORHANG

WEM GEHÖRT WISSEN?

Dem Urheber gehört Wissen, werden Sie jetzt vielleicht denken, also dem, der die Idee zum ersten Mal hatte und - ganz wichtig - die Rechte darauf angemeldet hat.

Seien Sie versichert, dem ist nicht so. Es ist Teil der Illusion, dem Menschen glauben zu machen, eine Entdeckung oder angereichertes Wissen gehöre ihm oder ihr.

Jedwede meiner Ideen und Erkenntnisse, die ich in die Welt bringen durfte, gehören nicht mir. Ich habe Sie nur „wahrgenommen", als sie mir gezeigt wurden.

Ich habe mich lediglich zu diesen Informationen „verlinkt".

Verlinken ist hocheffizient und verhindert Duplizität, ganz so wie in Datenbankmanagementsystemen unserer Realität. In diesen vermeidet man Redundanzen in Form von doppelt vorhandenen Informationen.

Ein Beispiel: Sie haben eine Kundendatenbank, in der Sie die Daten wie Name und Anschrift sowie Interessen Ihrer Kunden speichern.

Sich wiederholende Daten wie Interessen und Wohnort werden separat in einer Tabelle gespeichert und mit einem „Schlüssel" (meistens eine Zahl) versehen. Sagen wir, der Ort, „Hellschen-Heringsand-Unterschaar" hat die „5" und das Interesse eines Kunden, „Byzantinische Geschichte", in einer anderen Tabelle die „8". Anstatt nun bei all Ihren Kunden aus besagtem Ort den Stadtnamen auszuschreiben - übrigens der längste Ortsname Deutschlands -, verlinken Sie die Information, indem Sie bei Ihrem Kunden die 5 und die 8 vermerken. Das spart Platz, sorgt für schnelle Bearbeitungszeiten und vermeidet Schreibfehler - schreiben Sie mal den hier genutzten Ortsnamen aus Ihrem Gedächtnis heraus - und macht fehlerfreie Abfragen möglich: Zeige mir alle Kunden aus dem Ort mit der Nummer „5".

Der längste Ortsname der Welt lautet übrigens: „Llanfairpwll-gwyngyllgogery-chwyrndrobwll-llantysilio-gogogoch" (Eine Gemeinde in Wales).

Diese Information ist einfach strukturiert. Steigern wir nun die Komplexität und schauen uns die Entdeckung des Drehstroms (Starkstrom) näher an. Dieser wurde von Nikola Tesla und Galileo fast zeitgleich in den 80er Jahren des 19. Jahrhunderts entdeckt und definiert (verlinkt). Ein Patentstreit war die Folge. Wem gehört nun diese Information?

Niemandem, sie war schon immer da und wurde, basierend auf einer erreichten Entwicklungsstufe, durch einen Automatismus, der einem Dominoeffekt ähnelt, freigegeben. Ein Stein fällt nach dem anderen. Eine Entdeckung folgt der nächsten.

Falls Sie sich fragen sollten, wer all diese Informationen bereitstellt und steuert, sollten Sie dieses Buch für eine Weile beiseitelegen und sich noch einmal einige Grundlagen in Erinnerung rufen. Nur so viel an dieser Stelle: Es bedarf keines Eingreifens oder einer Steuerung eines Schöpfers oder Gottes, da der gesamte Schöpfungsprozess so ausgelegt ist, dass alles vorhergesehen und durch Gesetzmäßigkeiten geregelt ist. Das, was einst gestartet wurde, wird immer und immer wieder zu ein und demselben Ergebnis führen: individuell ausgeprägtes und schöpferisches Bewusstsein als Teil (Fraktal) von „Allem, was war, ist und immer sein wird".

Dadurch wird ewiges Wachstum erreicht.

So ist es mit allem Wissen (siehe auch „Das Feld"). Es ist vorhanden, überall und ewig. Sie sind ebenfalls ein solches Informationspaket, das es nur einmal, in allerdings fast unendlichen Variationen gibt, überall und immer - ewig. Sie werden und wurden bereits unendlich oft „durchgespielt".

Daraus folgt: Jedwede Information, jedes Wissen existiert genau nur einmal und somit wird ersichtlich, dass nichts aus sich selbst heraus existiert („Mein Wissen!") und Information und Wissen kein persönlicher Besitz sind.

Ein Gedicht von Theodor Fontane:

„Herr von Ribbeck auf Ribbeck im Havelland"

Herr von Ribbeck auf Ribbeck im Havelland,
Ein Birnbaum in seinem Garten stand,
Und kam die goldene Herbsteszeit
Und die Birnen leuchteten weit und breit,
Da stopfte, wenn's Mittag vom Turme scholl,
Der von Ribbeck sich beide Taschen voll,
Und kam in Pantinen ein Junge daher,
So rief er: »Junge, wiste 'ne Beer?«
Und kam ein Mädel, so rief er: »Lütt Dirn,
Kumm man röwer, ick hebb 'ne Birn.«

So ging es viel Jahre, bis lobesam,
Der von Ribbeck auf Ribbeck zu sterben kam.
Er fühlte sein Ende. 's war Herbsteszeit,
Wieder lachten die Birnen weit und breit;
Da sagte von Ribbeck: »Ich scheide nun ab.
Legt mir eine Birne mit ins Grab.
«Und drei Tage drauf, aus dem Doppeldachhaus,
Alle Bauern und Büdner mit Feiergesicht
Und die Kinder klagten, das Herze schwer:
»He is dod nu. Wer giwt uns nu 'ne Beer?«

So klagten die Kinder. Das war nicht recht -
Ach, sie kannten den alten Ribbeck schlecht;
Der neue freilich, der knausert und spart,
Hält Park und Birnbaum strenge verwahrt.
Aber der alte, vorahnend schon
Und voll Mißtraun gegen den eigenen Sohn,
Der wußte genau, was damals er tat,
Als um eine Birn' ins Grab er bat,
Und im dritten Jahr aus dem stillen Haus,
Ein Birnbaumsprößling sproßt heraus.

Und die Jahre gingen wohl auf und ab,
Längst wölbt sich ein Birnbaum über dem Grab,
Und in der goldenen Herbsteszeit
Leuchtet's wieder weit und breit.
Und kommt ein Jung' übern Kirchhof her,
So flüstert's im Baume: »Wiste 'ne Beer?«
Und kommt ein Mädel, so flüstert's: »Lütt Dirn,
Kumm man röwer, ick gew' di 'ne Birn.«

So spendet Segen noch immer die Hand
Des von Ribbeck auf Ribbeck im Havelland.

*

Eines meiner Lieblingsgedichte wurde von Goethe in die Welt gebracht:

Über allen Gipfeln ist Ruh,
In allen Wipfeln spürest du kaum einen Hauch;
Die Vögelein schweigen im Walde.
Warte nur, bald ruhest du auch.

Ich habe es auswendig gelernt und wiederhole es oft und das immer in Verbindung mit einem positiven Gefühl oder Gedanken.

Nach einiger Zeit stellt sich bereits nach dem Aufsagen des ersten Verses ein Wohlgefühl zusammen mit einer inneren Ruhe ein. So ist das Gedicht ein Auslöser für eine positive Grundstimmung: „Sorgen weg und her mit der Positivität."

Das funktioniert quasi auf „auf Knopfdruck".

Was ist Ihr Gedicht oder haben Sie vielleicht sogar ein „Mantra" (Fußnote)?

Fußnote: Mantra (Sanskrit: मन्त्र, mantra m. 'Spruch, Lied, Hymne') bezeichnet eine heilige Silbe, ein heiliges Wort oder einen heiligen Vers. Diese sind „Klangkörper" einer spirituellen Kraft, die sich durch meist repetitives Rezitieren im Diesseits manifestieren soll. Diese Wiederholungen des Mantras oder des Namens einer Gottheit werden manchmal auch Japa oder Nama-Japa genannt. Mantras können entweder sprechend, flüsternd, singend oder in Gedanken rezitiert werden. Sie können auch aufgeschrieben (Likhita-Japa) und in dieser Form sogar gegessen werden.[1] Im Hinduismus, im Buddhismus und im Yoga ist das Rezitieren von Mantras während der Meditation sowie im Gebet üblich. Vor allem in der Spiritualität des östlichen Christentums spielt die Namensgläubigkeit (Onomatodoxie) im Zusammenhang mit mantrischen Gebetsformen (wie Jesus- oder Ruhegebet) eine bedeutende Rolle. (Auszug aus dem Artikel „Mantra" aus der freien Enzyklopädie Wikipedia. Doppellizens: GNU-Lizenz für freie Dokumentation und Creative Commons CC-BY-SA 3.0 Unported. In der Wikipedia ist eine Liste der Autoren verfügbar. Stand 27.08.14)

*

Jedes bewusste Leben, ausnahmslos und unabhängig vom „Wo" oder „Wann", hat (potentiell) Zugang zu jedweder Information. Sie müssen nur „nachschauen", suchen und sich „verlinken"

Viele Millionen Deutsche kennen die hier dargestellten Gedichte und haben sie in der Schule auswendig lernen dürfen oder müssen. Heißt das nun, dass es auch viele Millionen Male existiert? Natürlich nicht: Es ist nur einmal vorhanden. Jeder Einzelne ist nur zu dem Gedicht verlinkt.

Das trifft auch auf alle möglichen Versionen des Gedichtes (der Information) zu. Alle Versionen mit allen nur erdenklichen Fehlern oder Übersetzungen gibt es ebenfalls nur ein einziges Mal (...).

Ihr Unterbewusstsein, der Puppenspieler, weiß, wo das Gedicht abzurufen ist. Gedichte auswendig zu lernen und hin und wieder aufzusagen „räumt" sie auf und entrümpelt Ihren Arbeitsspeicher. Es kommt zu einer inneren Ruhe und Zufriedenheit. Gleichzeitig wird Raum geschaffen für neue Ideen und Kreativität.

*

Jeder, der wahrhaftig sucht, wird immer zu ein- und derselben Wahrheit kommen. Diese Wahrheit ist die Grundlage allen Seins, überall und immer. Sie ist einmalig, aber jedem Suchenden zugänglich.

Das Gefundene unterscheidet sich nur in der Interpretation, bedingt durch die individuell vorhandenen Konzepte.

Auch ist das Ergebnis einer solchen Suche zwar allgemein vorhersagbar, da die Richtung immer gleich ist, aber dennoch unterschiedlich. Der eine begründet eine Religion, der andere verschreibt sich der Philosophie und wird ein Denker. Der nächste gründet einen Staat, schreibt ein Buch oder wird Eremit. Alle haben Sie eines gemeinsam: tiefe Zufriedenheit und eine befreite Existenz, ohne Lebenslast.

Nähert man sich dem Grund seiner Suche, so (er)kennt man jedwedes Wissen, jedweden Gedanken oder jedwede Religion. Man erkennt zwar nicht die jeweilige Interpretationen, wohl aber die hier beschriebene Wahrheit.

*

Eine herausragende Fähigkeit des Menschen ist es, sich Wissen anzueignen, es zu vergleichen, Zusammenhänge zu erkennen und - darauf basierend - Neues zu erschaffen. Und wenn es mir gelingt, auch nur einen einzigen Buchstaben oder auch nur ein Ausrufezeichen der Schöpfung hinzuzufügen, dann ist das so, als hätte ich ein ganzes Universum erschaffen.

So wachse ich, Sie, aber auch alles, was ist.

DAS ENDE ALLER TAGE

„Die Natur der Welt liegt in ihrem Erkennen"

Ein Jahr ist inzwischen seit der Veröffentlichung meines ersten Buches vergangen. Vieles hat sich weiterentwickelt und auch in der Kosmologie hat man neue Erkenntnisse gewinnen können. So wissen wir nun (in etwa), wie es mit unserem Universum wohl enden wird.

Ein Zerreißen, der „Big Rip", kann genauso ausgeschlossen werden wie der „Big Crunch", das Kollabieren des Raumes zurück zu einer Singularität, aus der dann erneut ein Universum hervorgeht.

Es wird also der „Big Freeze" sein (Fußnote).

> Fußnote: „Big Freeze" (auch „Big Whisper" genannt): Alles dehnt sich, bedingt durch die Dunkle Energie, immer schneller, immer weiter aus. Irgendwann ist die Ausdehnungsgeschwindigkeit so groß, dass uns Photonen (Licht) von anderen Galaxienhaufen nicht mehr erreichen können. Zum Schluss wird Lichtgeschwindigkeit erreicht. Der Nachthimmel wird zunehmend dunkler. Irgendwann geht dem letzten Stern der Brennstoff aus und im Universum wird es überall dauerhaft dunkel. Der Materie ist das zunächst egal. Alle Atome (auch die nicht Radioaktiven) werden sich aber auch irgendwann zerstrahlen. Wann genau das sein wird, wissen wir nicht; das konnte noch nicht beobachtet werden. Man vermutet aber, dass das frühestens in 10 hoch 37 Jahren passieren könnte. Schwarze Löcher werden zum Schluss das Universum dominieren. Diese werden ebenfalls nach und nach durch quantenmechanische Prozesse alle Energie „verdampft" haben. Das, was zum Schluss übrig bleibt, verdünnt sich dann in der Ewigkeit und irgendwann gibt es dann nur noch Kälte und Leere, das große Nichts.

Die Vermutung, dass unser Universum nicht genügend Raum zur Verfügung hat, um mit der immer schneller werdenden Ausdehnung Schritt halten zu können und so irgendwann zerreißt, kann deshalb ausgeschlossen werden, da mit der Ausdehnung der dafür benötigte Raum entsteht. Er entsteht und dehnt sich nicht. Warum? Noch völlig unklar. Was wir aber wissen ist, dass die dunkle Energie nicht von vorneherein in Erscheinung trat, sondern erst nach einigen Milliarden Jahren. Vermutlich zu exakt dem Zeitpunkt, um im weiteren Verlauf einen gravitationsbedingten „Big Crunch" zu vermeiden, ohne dabei die weitere Entwicklung der Galaxien und lokalen Gruppen zu stören.

Das lässt auch für die Zukunft des Universums noch Überraschungen zu. Nichts scheint in Stein gemeißelt, außer die Annahme, dass unser Universum kein Zufallsprodukt ist und sein kann.

Was heißt das nun im Detail?

Wir werden auf Dauer mit unserer lokalen Gruppe zusammenbleiben. Sie erinnern sich? Lokale Gruppen sind gravitativ aneinander gebunden und stellen eine Ordnungseinheit für Galaxien dar. Wenn es also heißt, alles bewegt sich auseinander, so müsste es eigentlich heißen: Die lokalen Gruppen, die auch Galaxienhaufen genannt werden, bewegen sich immer schneller, immer weiter, auseinander.

Auch hier gibt es neue Erkenntnisse: Einer Veröffentlichung des Magazins „Nature" im August 2014 zufolge ist unsere lokale Gruppe weit größer als zunächst angenommen. Die Menge der Galaxien überschreitet weit die zunächst angenommene Menge von 75 Galaxien. Die genaue Anzahl steht noch nicht fest, aber es gibt bereits einen Namen für unseren Supercluster (Supergalaxienhaufen): Laniakea

Da eine gravitative Bindung besteht, werden sich alle Galaxien unseres Supergalaxienhaufens irgendwann zu einer einzigen Galaxie vereinen. Ob dies noch zu einem Zeitpunkt geschieht, wo es noch Sterne gibt, oder ob es sich ausschließlich um schwarze Löcher handelt, die sich dann vereinen werden, ist nicht sicher vorhersagbar.

Sicher ist hingegen, dass sie das Endprodukt jedweder Materie oder Energie sind.

*

Unser Universum ist ein bewusstes gedankliches Konstrukt, welches wir erschaffen haben, um Erfahrungen zu gewinnen. Es ist also reines Bewusstsein, ein kollektiver Geist, von dem wir ein Teil sind.

In den Upanischaden findet sich Folgendes:

„Im Wunsche, viele zu werden und aus sich zahllose Formen zu machen, erschuf er alle Dinge. Er ward das Begrenzte und das Unbegrenzte, das Gegründete und das Grundlose, das Bewusste und das Unbewusste, das Grobe und das Zarte. Er ward zu allem, was es gibt, weshalb die Weisen ihn das Wirkliche nennen. Über diese Wahrheit steht geschrieben: Vor aller Schöpfung war Brahman das Nichtoffenbarte. Aus dem Nichtoffenbarten ward das Offenbare. Aus sich selber brachte er sich selbst hervor. Der Selbstseiende wird er seitdem genannt."

(Taittiriya-Upanischaden).

Wir sind „alles" und erschaffen das Universum kollektiv durch unsere Überzeugungen und unseren Willen. So erleben wir das Individuum und die Vielheit. Wir erfahren uns selbst. Ohne Anfang und ohne Ende, ohne Beginn und ohne Grenzen, von Ewigkeit zu Ewigkeit.

Auf unser materielles Universum bezogen heißt das, wir erzeugen es durch unsere Gedanken. Es beginnt „in" uns und endet dort, wo unsere Gedanken enden. Es gibt weder ein „Danach" noch gibt es ein „Dahinter" mit einer vorgelagerten Grenze.

Je tiefer der Mensch in den Mikro- oder Makrokosmos vordringt, desto weiter dehnt sich auch seine erfahrbare Realität aus. Mit jedem Gedanken erschafft er zudem unzählige weitere Realitäten, die im selben Raum existieren. Alles was möglich ist, wird auch realisiert. Der Mensch wird niemals eine Grenze finden, da er durch seine Suche stets „Neues" erschafft und die imaginäre Grenze nur weiter ins Unbekannte verschiebt. Erreichen wird er sie nie. Es gibt sie nicht.

Erst ist da die Suche nach dem Unbekannten mit einer sich entwickelnden Erwartungshaltung. Was dann folgt, ist die Entdeckung und die Realisierung des Neuen und das rein durch die Kraft der Vorstellung und der vorangegangenen Erwartung des Geistes (siehe auch das Kapitel „Von den Göttern ..." – Schritte 1 bis 3)

Wir erleben das gerade eindrucksvoll im Mikrokosmos. Immer tiefer dringen wir in die Welt der Elementarteilchen vor und ein Ende ist nicht in Sicht, immer wieder entdecken wir etwas, das noch kleiner, noch faszinierender ist.

Auch dadurch erschaffen wir ständig Neues. Wachstum und Reife sind die Folge. Ich, Sie, wir, „Alles, was ist, war und immer sein wird" wächst durch den Zuwachs an Informationen (Erfahrungen).

Und obwohl selbst erschaffen und durch den freien Willen in die Existenz gebracht, birgt das Erschaffene auch Gefahren. Dadurch, dass wir vergessen müssen, wer wir sind, kann sich das Individuum in der Materie verlieren. Dies geschieht durch die Identifikation mit ihr („Ich bin mein Körper und mein Besitz!") sowie durch die Habgier (das „Habenwollen")

Solange wir dies tun, folgt unser „Selbst" dem Ego und begibt sich immer wieder aufs Neue in die Materie. Der Traum des Lebens wird, einer Sucht gleich, beständig und beharrlich weiter geträumt.

Das kann so weit gehen, dass wir den Weg zu dem „Ort", von dem wir all das begonnen haben, nicht mehr sehen. Es ist allerdings kein Ort im Sinne der Raumzeit, sondern ein Zustand, welcher sich in unmittelbarer Nähe (in uns) befindet. Ein Zustand, der geprägt wird durch den „Nicht-Raum" und die „Nicht-Zeit", welche wir Unendlichkeit und Ewigkeit nennen. So ist der „Vater im Himmel" kein Ort jenseits einer imaginären Linie, weit draußen am „Rande des Universums", sondern ein Zustand in unserem Herzen.

Durch das Erkennen dieser Wahrheit durchschauen wir die Illusion und entwickeln uns, nach und nach, „zurück zum Vater".

„Das Reich Gottes ist mitten unter uns!", heißt es nicht ohne Grund.

*

Dieses Universum wird enden. Bewusstsein als ein Teil des Ganzen ist zwar unzerstörbar; Information, welche vom Bewusstsein als Träger aufgenommen wird, kann aber dennoch verloren gehen. Sie und ich, im „Hier", sind Information. Wir sind die Summe aller unser Erfahrungen (=Informationen).

Information kann nicht verloren gehen, werden Sie jetzt (durchaus berechtigt) einwenden. Nun, unter bestimmten Umständen kann das leider sehr wohl passieren und zwar dann, wenn die Grundlage für diese universale Regel (unser Universum) aufhört zu existieren. Wenn quasi dem Universum „der Stecker" gezogen wird.

Das Universum (Die Raumzeit) ist endlich, die Ewigkeit nicht. Ewiges Leben gibt es nur in Gott, in der Ewigkeit und Unendlichkeit.

*

Die Materie/Energie (frei austauschbar → siehe auch $E=MC^2$) wird zum Schluss in einem Schwarzen Loch enden und von dort als Ausgangsmasse in ein neues Universum gegeben. Wir wissen um Millionen von Galaxienhaufen in unserem

Universum. Jeder einzelne dieser Haufen produziert ständig Schwarze Löcher (und Bewusstsein über Erfahrungen), welche aller Wahrscheinlichkeit nach in einem einzigen Schwarzen Loch enden werden. So entstehen ständig unzählige neue Universen aus einem Universum heraus, welches dabei ist, zu vergehen.

Es drängt sich hier die Frage auf, ob die Materie nicht endlich ist, sich also irgendwann erschöpft. Da jedoch alles Bewusstsein ist und dieses beständig wächst, ist das auszuschließen. Auch hier wird über „Grenzen" (des „Grenzenlosen") sinniert, welche nur in unseren Vorstellungen existieren.

Dem Ganzen liegt zudem ein fraktales Prinzip zugrunde. Information innerhalb eines Universums ist nicht beschränkt durch „viel" oder „wenig", „groß" oder „klein". Ein Atom kann über „mehr" oder „genauso viel" Informationen verfügen, wie zum Beispiel ein Sonnensystem.

*

Bewusstsein, welches nicht den Weg zurück zum Ursprung findet, geht am Ende aller Tage ebenfalls den Weg alles Irdischen, zusammen mit der Materie, an die es sich gebunden hat.

Unser Sonnensystem wird in einem Schwarzes Loch sein vorläufiges Ende finden, zusammen mit den energetischen Welten und den Seelen, die dort den Traum des Lebens träumen.

Etwas, das in einem Schwarzes Loch verschwindet, kann diesem nicht mehr entkommen. Das ist der Grund, warum jedwede Information (der Materie/Energie, des Bewusstseins) den Rand eines Schwarzen Loches nicht passieren kann. Diese verbleibt außerhalb und ist dem alten Universum zugehörig.

In der Relativitätstheorie wird dieser „Speicherort" der Ereignishorizont eines Schwarzen Loches genannt. Dieser ist eine Grenzschwelle der Raumzeit. In verschiedenen kosmologischen Modellen nimmt man an, dass jedes Universum als Gesamtes ebenfalls einen Ereignishorizont besitzt.

Bewusstsein geht zusammen mit Teilen der Energie des alten Universums in ein neues. In einem neuen Universum wird Bewusstsein dann in Atome gesperrt, um sich dort erneut über Erfahrungen, bedingt durch Evolution, zu entwickeln.

Gefallene Engel

Gustav Dore - Der Fall der Engel

Nach und nach wird sich das Bewusstsein entwickeln, befreien und in immer höhere Formen, zusammen mit der ebenfalls erlösungsbedürftigen Materie, aufsteigen.

*

Die Information des weitergegebenen Bewusstseins verbleibt jedoch im alten Universum. Irgendwann wird dort auch das letzte Schwarze Loch alle seine Energie „abgestrahlt" haben.

Das Ende aller Tage ist erreicht und Raum und Zeit hören auf zu existieren. Damit einhergehend verlieren auch alle Gesetze und Regeln ihre Gültigkeit.

Information geht verloren.

*

Und das sind wir letzten Endes, Information. Jetzt verstehen Sie, warum in vielen Religionen, aber auch in Nahtoderfahrungen, ein Feuer- oder schwarzer See vorkommt. Ein See oder Loch, in das all diejenigen geworfen werden, die sich in der Materie verloren haben. Oft verknüpft mit einem Gericht und der Bezeichnung „das Jüngste Gericht" am Ende aller Tage.

So geht altruistisches entwickeltes Bewusstsein zurück zum Ursprung und das Gegensätzliche als Ausgangsmasse in ein neues Universum, um dort erneut zu Wachstum und Reife von „Allem, was ist" beizutragen. Die Hälfte wird den Weg zurück zum Vater finden, so will es das Gesetz.

Jeder entscheidet also durch sein Verhalten selbst, ob er den Weg alles Irdischen oder zurück zum Vater gehen möchte. Das ist, was gemeinhin freier Wille genannt wird.

*

Natürlich ist es ebenso denkbar (undenkbar ist nur der Zufall), dass unsere erlebte Realität in ihrer Gesamtheit nur eine Projektion ist, vielleicht sogar aus dem vorab beschriebenen Ereignishorizont heraus. Eine unendliche und ewige Projektion, welche alle Möglichkeiten in unendlich viele Realitäten hineinprojiziert und es „uns" ermöglicht, all das zu erfahren, was wir erfahren möchten. Einem Rollenspiel gleich, in das wir - wie in den Filmen „Total Recall" - eintauchen und die Erfahrung erleben, als wäre sie tatsächlich real.

Da alles Jenseitige eine Entsprechung hier im Diesseits hat, wäre die Entsprechung bei uns wohl ein 3D „Massiv Multiplayer Online Roleplayer Game" (MMORPG). Das sind Computer Rollenspiele, die im Netzwerk miteinander gespielt werden. Diese werden in der Darstellung und ihren Möglichkeiten immer besser und authentischer. Irgendwann (in nicht allzu weiter Ferne) werden wir eine Qualität erreichen, die „schärfer ist als die Realität" und der „Kick" wird darin bestehen, die Figur im Spiel selbst so zu steuern, als wäre man selbst die Figur („in ihr"). Eben gerade so, wie in den „Total Recall"-Filmen, der „Matrix" Serie, aber auch wie in diesem Buch vorgestellt.

Es gibt weltweit eine Vielzahl an Spielern die „abhängig" von dem Spiel geworden sind. Sie können nicht mehr aufhören, sitzen Tag und Nacht vor dem Computer und verlieren sich immer mehr in der virtuellen Welt.

Klingt das nicht ähnlich wie eine Seele, welche sich in der Materie (der Illusion) verliert?

Wir wissen aus den verschiedenen Religionen und der Esoterik, dass die „Wahrheit", die „Erlösung" sowie unser Wesenskern, die Seele, der Gottesfunken oder Atman „in" uns zu finden ist und nicht im Äußeren, welches die Illusion darstellt. Oft wird hier vom Herzen gesprochen, stellt es doch das wesentlichste und elementarste unserer Physis dar.

Ist es da nicht naheliegend anzunehmen, dass wir „aus uns selbst heraus" agieren und die Welt so erschaffen und erleben. Wir sind quasi das „was beobachtet" (Fußnote) und steuert. Wir sind der Spieler.

Fußnote – Bezug: DEdjW Kapitel: „Das Who is Who der Seele"

*

Was auch immer die Ursache für unser Universum, für unsere Realität ist: Die sich häufenden ungewöhnlichen Vorkommnisse und unwahrscheinlichen Erlebnisse, welche wir erfahren, wenn wir erwachen, sprechen in jedem Fall für den Illusionscharakter unserer Realität und somit für eine, wie auch immer geartete, Schöpfung.

Die exakte Ursache, der allumfassende Sinn bleibt allerdings ein Mysterium, welches wir erst mit der Rückkehr zum Ursprung oder am Ende aller Tage erfahren werden. Das alleine schon deshalb, da es dem Menschen aufgrund seiner Beschränktheit nicht gegeben ist, das, was auch „Gottes Plan" genannt wird, zu verstehen.

DANKE

Alles Materielle kommt zu einem Ende, nur das „Bewusstsein" ist ewig und unendlich. Das materielle Leben ist das Instrument, welches von unserem „Puppenspieler" gespielt und benutzt wird, um über Erfahrungen als Inkarnation zu Reife und Wachstum zu gelangen.

Wir werden geboren, um zu sterben. Mit jedem Atemzug, mit jedem neuen Tag, kommen wir dem Unausweichlichen ein Stück näher. Altes muss vergehen, damit Neues entstehen kann.

Wir sollten so leben, als könnte der nächste Moment unser letzter sein. Jeden Morgen sollten wir so beginnen, als wäre der vor uns liegende Tag der letzte hier auf Erden.

Damit meine ich nicht ein ausschweifendes Leben, sondern vielmehr ein bewusstes und liebevolles Dasein im Einklang mit denen, die wir lieben.

Es soll aber auch ein Leben voller neuer Erkenntnisse und Einsichten sein. Leben wurde uns gegeben, um uns zu entwickeln. Dieses tun wir über Entscheidungen, die wiederum zu Erfahrungen und später zu Einsichten werden. Dazu müssen wir uns nur aufraffen und uns bemühen, Neues zu erfahren und zu erschaffen.

Ängste sind die Stolpersteine im Leben und bremsen unsere Entwicklung. Sie gilt es zu erkennen und abzulegen. Meine Ideen und Ansichten passen nicht in die

Welt, in der ich arbeite und mich bewege. Und doch habe ich mich entschlossen, meine Bücher zu schreiben und unter meinem Klarnamen zu veröffentlichen. Heute bin ich froh, diesen Weg gegangen zu sein. Er hat mich wahrlich weiter gebracht. Auch dafür bin ich dankbar.

So gelebt ist jeder „letzte Moment" der Richtige.

Ich bin jetzt bereits fünf Jahre auf meinem Weg und entwickele mich beständig weiter. Das Leben ist gut und ich bin dankbar, dass ich „sein" darf. Jeden Tag bedanke ich mich aufs Neue für die Erfahrungen und Einsichten, die ich machen durfte, und bin gespannt, was der nächste Tag wohl bringen mag.

*

Nichts existiert aus sich selbst heraus und wir erfahren ständig Beistand und Hilfe. Wir müssen nur hinhören und -sehen.

„Fürchte Dich nicht, denn alles ist gut so wie es ist und wird sich so fügen wie es sein soll."

www.facebook.com/das.buch.zur.ewigkeit/

Ihr

Martin Heyden

GENESIS

Im Anfang schuf Gott Himmel und Erde; die Erde aber war wüst und wirr, Finsternis lag über der Urflut und Gottes Geist schwebte über dem Wasser.

Gott sprach: Es werde Licht. Und es wurde Licht. Gott sah, dass das Licht gut war. Gott schied das Licht von der Finsternis und Gott nannte das Licht Tag und die Finsternis nannte er Nacht. Es wurde Abend und es wurde Morgen: erster Tag.

Dann sprach Gott: Ein Gewölbe entstehe mitten im Wasser und scheide Wasser von Wasser. Gott machte also das Gewölbe und schied das Wasser unterhalb des Gewölbes vom Wasser oberhalb des Gewölbes. So geschah es und Gott nannte das Gewölbe Himmel. Es wurde Abend und es wurde Morgen: zweiter Tag.

Dann sprach Gott: Das Wasser unterhalb des Himmels sammle sich an einem Ort, damit das Trockene sichtbar werde. So geschah es. Das Trockene nannte Gott Land und das angesammelte Wasser nannte er Meer. Gott sah, dass es gut war. Dann sprach Gott: Das Land lasse junges Grün wachsen, alle Arten von Pflanzen, die Samen tragen, und von Bäumen, die auf der Erde Früchte bringen mit ihrem Samen darin. So geschah es. Das Land brachte junges Grün hervor, alle Arten von Pflanzen, die Samen tragen, alle Arten von Bäumen, die Früchte bringen mit ihrem Samen darin. Gott sah, dass es gut war. Es wurde Abend und es wurde Morgen: dritter Tag.

Dann sprach Gott: Lichter sollen am Himmelsgewölbe sein, um Tag und Nacht zu scheiden. Sie sollen Zeichen sein und zur Bestimmung von Festzeiten, von Tagen und Jahren dienen; sie sollen Lichter am Himmelsgewölbe sein, die über die Erde hin leuchten. So geschah es. Gott machte die beiden großen Lichter, das größere, das über den Tag herrscht, das kleinere, das über die Nacht herrscht, auch die Sterne. Gott setzte die Lichter an das Himmelsgewölbe, damit sie über die Erde hin leuchten, über Tag und Nacht herrschen und das Licht von der Finsternis scheiden. Gott sah, dass es gut war. Es wurde Abend und es wurde Morgen: vierter Tag.

Dann sprach Gott: Das Wasser wimmle von lebendigen Wesen und Vögel sollen über dem Land am Himmelsgewölbe dahinfliegen. Gott schuf alle Arten von großen Seetieren und anderen Lebewesen, von denen das Wasser wimmelt, und alle Arten von gefiederten Vögeln. Gott sah, dass es gut war. Gott segnete sie und sprach: Seid fruchtbar und vermehrt euch und bevölkert das Wasser im Meer und die Vögel sollen sich auf dem Land vermehren. Es wurde Abend und es wurde Morgen: fünfter Tag.

Dann sprach Gott: Das Land bringe alle Arten von lebendigen Wesen hervor, von Vieh, von Kriechtieren und von Tieren des Feldes. So geschah es. Gott machte alle Arten von Tieren des Feldes, alle Arten von Vieh und alle Arten von Kriechtieren auf dem Erdboden. Gott sah, dass es gut war.

Dann sprach Gott: Lasst uns Menschen machen als unser Abbild, uns ähnlich. Sie sollen herrschen über die Fische des Meeres, über die Vögel des Himmels, über das Vieh, über die ganze Erde und über alle Kriechtiere auf dem Land. Gott schuf also den Menschen als sein Abbild; als Abbild Gottes schuf er ihn. Als Mann und Frau schuf er sie. Gott segnete sie und Gott sprach zu ihnen: Seid fruchtbar und vermehrt euch, bevölkert die Erde, unterwerft sie euch und herrscht über die Fische des Meeres, über die Vögel des Himmels und über alle Tiere, die sich auf dem Land regen.

Dann sprach Gott: Hiermit übergebe ich euch alle Pflanzen auf der ganzen Erde, die Samen tragen, und alle Bäume mit samenhaltigen Früchten. Euch sollen sie zur Nahrung dienen. Allen Tieren des Feldes, allen Vögeln des Himmels und allem, was sich auf der Erde regt, was Lebensatem in sich hat, gebe ich alle grünen Pflanzen zur Nahrung. So geschah es. Gott sah alles an, was er gemacht hatte: Es war sehr gut. Es wurde Abend und es wurde Morgen: der sechste Tag.

(Einheitsübersetzung der Heiligen Schrift © 1980 Katholische Bibelanstalt, Stuttgart.)

BUCHEMPFEHLUNGEN

Auf der Suche nach der Ewigkeit

Die Entdeckung der jenseitigen Welten

(2014, Martin Heyden)

ISBN 978-3981691801

TB: 16,90 Euro

„Der Tod ist und bleibt das größte aller Abenteuer."

Gehen Sie mit dem Autor zusammen auf eine Reise, die im Leben beginnt, über den Tod hinausgeht und entdecken Sie dabei eine Welt voller verborgener Wahrheiten und Geheimnisse.

Ein ‚Leben nach dem Tod' ist weder Wunschdenken noch Kindheitsphantasie, sondern vielmehr Fakt und Realität.

Man muss schon bewusst wegschauen und sich gewisse Unwahrheiten ständig gebetsmühlenartig einreden, um nicht zu erkennen, was offensichtlich und wahr ist.

Wir sind unsterbliche spirituelle Wesen, die es erfahren, Mensch zu sein und nicht endliche materielle Automaten, deren einziger Sinn darin besteht, im System zu funktionieren.

Jenseitige Welten – Berührungspunkte

(Martin Heyden, 2017)

ISBN 978-3981691887

TB: 15,90 Euro

Wenn es überhaupt so etwas wie einen Beweis für ein Leben nach dem Tod gibt, dann sind es wohl die verblüffenden Gemeinsamkeiten der persönlich gemachten spirituellen Erfahrungen von Menschen, wie Sie und ich es sind.

In seiner Buchreihe *Auf der Suche nach der Ewigkeit* hat der Autor Martin Heyden eine Fülle von Indizien dargelegt, die nur einen zwingenden logischen Schluss zulassen: Ein Leben nach dem Tod ist weder Wunschdenken oder Kindheitsphantasie, sondern vielmehr Fakt und Realität. Man muss schon bewusst wegschauen, um nicht das zu erkennen, was offensichtlich und wahr ist.

Wir sind unsterbliche spirituelle Wesen, die es erfahren, Mensch zu sein und nicht materielle Automaten, die einzig dazu da sind, im System zu funktionieren.

In diesem Buch nun lässt der Autor die Menschen zu Wort kommen, die selbst eine spirituelle Erfahrung gemacht oder miterlebt haben. Lesen Sie eine Vielzahl von persönlichen Erfahrungsberichten sowie Erläuterungen zu den großen Themen der Spiritualität:

- Nahtoderfahrungen, außerkörperliche Erfahrungen
- Sterbebetterfahrungen
- Visionen und Hellsichtigkeit, Vorahnungen und Todeszeitpunkt
- Schutzengel und Helfer, Reinkarnationserinnerungen
- Imaginäre Freunde von Kindern

Lassen Sie sich von den immer wiederkehrenden Gemeinsamkeiten des persönlich Erlebten aufzeigen, dass Sie kein Produkt des Zufalls sind, sondern weit mehr als das, was Sie jeden Morgen im Spiegel anlächelt.

Ewiges Leben? ... und andere gelegentlich gestellte Fragen

(Martin Heyden, 2018)

ISBN 978-3981859256

TB: 15,90 Euro

Sie fragen sich, ob dieses Leben wirklich alles ist, trauern gerade oder werden gar selbst mit Ihrer eigenen Sterblichkeit konfrontiert?

Vielleicht hinterfragen Sie aber auch einfach nur unsere ach so rationale Welt oder sind auf der Suche nach dem Sinn unseres Daseins?

Im neuen Buch von Martin Heyden finden Sie schlüssige und leicht nachvollziehbare Antworten zu einem Thema, das in unserer Gesellschaft nur zu gerne verdrängt wird: der Tod und die Frage nach einem möglichen Danach.

Gehen Sie mit dem Autor auf eine faszinierende Entdeckungsreise und lesen Sie Antworten zu Fragen, von denen Sie vielleicht noch nicht einmal wussten, dass Sie sie haben.

Dieses Buch wird Ihnen anhand von vielen spannenden Fragestellungen schlüssig aufzeigen, dass der Tod keinesfalls das Ende ist, sondern vielmehr ein Anfang.

ANLAGEN

STEREOTYPEN

Der Kreuzritter

... kennt nur seine eigene Wahrheit. Andere Wahrheiten als die seine verfolgt und vernichtet er konsequent. Er urteilt oberflächlich und es ist seine „Art", die Bücher verbrennt und Andersdenkende verfolgt. In seiner Welt gibt es nur schwarz und weiß, keine Graustufen.

Der Gralssucher

... ist ein Getriebener auf der Suche nach einem Gegenstand oder nach Wissen, welches Ihm sofortige Einsicht, Wissen und Erlösung gibt. Er ist verbissen und „lebt" in der Umgebung, in der er auch sucht: Im Äußeren. Diese „Art" ist frustriert und enttäuscht und viele von ihnen werden mit fortschreitendem Alter zum Zyniker und Nörgler. Jenes, was sie suchen, können sie dort, wo sie suchen, nicht finden und so ist das Ergebnis ihrer Suche vorprogrammiert. Es gibt kein Leben nach dem Tod. Fast schon provokant schleudern sie der Welt entgegen: „Das, was ihr sucht, gibt es nicht, ihr Narren! Der Tod ist das Ende." Und: „Gott, wenn Du existierst, beweise Dich mir! Du tust es nicht? Also bist Du auch nicht". Gnadenlos übersehend, dass sie sich damit die eigene Existenz absprechen.

Der Materialist

... identifiziert sich über seinen Besitz und seinen Status quo. Er steht mit beiden Beinen fest in der Realität. Er kennt nur diese eine und alles andere leugnet er genauso wie seinen Tod. Sterben tun die anderen, nicht er. Er „ist" sein Auto, sein Haus, seine Kleidung, sein Status im Betrieb, sein Rang im Schützenverein, sein Einkommen. Er ist im Besitz von allem, was mit „mein" beginnt: „Meine Fahrspur auf der Autobahn", „... meine Angestellten, ja sogar: „... meine Frau". Alles was mit Sterben und Tod zu tun hat, blendet er aus, ignoriert er. Davon will er nichts wissen. Es macht ihm Angst. Ob es ein Leben nach dem Tod gibt? Das passt nicht ins Schema. Denn sie sind aufgeklärt und schon gar nicht „leichtgläubig": Nur was man sehen und beweisen kann, existiert auch. Und dennoch: Einige wenige (meist Ältere) von Ihnen gehen einmal die Woche zum Gottesdienst. Denn dadurch sichern sie sich die Aufnahme in den Himmel, so denken sie („Man kann ja nie wissen. Vielleicht ist ja doch was dran...").

Wie sagte Albert Schweitzer noch? „Wer glaubt, ein Christ zu sein, weil er die Kirche besucht, irrt sich. Man wird ja auch kein Auto, wenn man in eine Garage geht."

Der Dualist

… glaubt nicht daran, dass die Materie den Geist erschaffen hat und mit ihm stirbt. Für ihn verhält es sich umgekehrt. Der Geist erschafft und erhält die Materie und die Realitäten. Geist und Körper existieren getrennt.

Auch er sucht und forscht, aber in seinem Inneren. Das Äußere ist für ihn nur Illusion und er weiß, dass der Zugang zu den „Welten", von denen er einst aufbrach, sowie eine Erlösung nur im Inneren zu finden ist. Nach und nach werden Erkenntnisse in ihm aufgeschlossen. Einige sind religiös, viele spirituell, einige weder noch. Sie spüren, wissen einfach, dass sie nicht ihr Körper sind und ihr Geist und ihre Seele viel mehr ist. Der Dualist lebt (be)frei(t) von Todesangst und „Lebenslast", er ruht in sich und ist weit weniger aufgeregt als ein Materialist. Den Tod empfängt er mit offenen Armen, ist er doch sein Weg zurück nach Hause.

Stereotypen

Die zahlreichen, hier fehlenden „Stereotypen" zu beschreiben, würde allerdings den Rahmen sprengen. Gerne dürfen sie jedwede religiöse und spirituelle Ausrichtung anwenden und Bezeichnungen beliebig austauschen. Auch ist hier die Rede von „ihm", alles Gesagte trifft ganz sicher auch auf eine „sie" zu.

Ich möchte weder die Kreuzfahrer (sie handelten im guten Glauben, ebenso wie ihre „Gegner") noch den Gral, so er denn existiert, verunglimpfen Sie dienen mir hier nur als Platzhalter.

QUELLEN UND EMPFEHLUNGEN

LITERATUR

Die Neuoffenbarungen und Schriften nach
- Emanuel Swedenborg,
- Jakob Lorber,
- Gottfried Mayerhofer
- und Baha'ullah.

  - www.swedenborg.at (Stand: 23.12.13)
  - http://www.jakob-lorber.cc (Stand: 23.12.13)
  - http://j-lorber.de (Stand 23.12.13)
  - http://reference.bahai.org/en/ (Stand 23.12.13)

Thomas Noack
- Aufsatz / 2004 Der Seher und der Schreibknecht Gottes (http://www.swedenborg.ch/PDF/UeSweLL/2004SLBuch.pdf. Stand: 23.12.13)

Dr. Walter Lutz
- Neuoffenbarung am Aufgang des dritten Jahrtausends: Ein Lehr- und Nachschlagewerk der Neuoffenbarung gegeben durch Jakob Lorber. 3 Bände. Verlag: Lorber & Turm (1969).

Die Schriften der Weltreligionen sowie deren Ableger.

Robert Allen Monroe, auch Bob Monroe (* 30. Oktober 1915; † 17. März 1995), war ein US-amerikanischer Geschäftsmann, Autor und Programmdirektor beim Rundfunk und der Gründer des parapsychologischen Monroe-Instituts.
- Der Mann mit den zwei Leben, Heyne Verlag, 2005
- Der zweite Körper, Heyne Verlag, 2007
- Über die Schwelle des irdischen hinaus, Heyne Verlag, 2006

Charles Webster Leadbeater (* 17. Februar 1847 in Stockport, Großbritannien; † 1. März 1934 in Perth, Australien) war Priester, Theosoph und Okkultist.
- Die Astralwelt, Aquamarin Verlag, 2007
- Hellsehen, Aquamarin Verlag, 2010

Eben Alexander III (* 11. Dezember 1953 in Charlotte, North Carolina, USA) ist ein US-amerikanischer Neurochirurg.
- Blick in die Ewigkeit: Die faszinierende Nahtoderfahrung eines Neurochirurgen, Ansata Verlag, 2013

Dr. Sam Parnia (Intensivmediziner und Kardiologe)
- Erasing Death , HarperOne Verlag, 2013
- Der Tod muss nicht das Ende sein, Scorpio Verlag, 2013

Dr Jeffrey Long (NDERF=Near Death Experience Research Foundation) mit Paul Perry
- Beweise für ein Leben nach dem Tod, Goldmann Verlag 2010
- Nahtoderfahrungen: www.nderf.org Stand 01.09.2013

Dr. Pim van Lommel
- Endloses Bewusstsein, Knaur Verlag, 2010

Rupert Sheldrake (* 28. Juni 1942 in Newark-on-Trent, Nottinghamshire) ist ein britischer Autor und Biologe.
- Der Wissenschaftswahn, O W Barth Verlag, 2012
- Das schöpferische Universum. Die Theorie des morphogenetischen Feldes., Nymphenburger Verlag, 2008
- Das Gedächtnis der Natur. Das Geheimnis der Entstehung der Formen in der Natur, Scherz Verlag, 2011
- Die Wiedergeburt der Natur, Fischer Scherz Verlag, 1993
- Engel: die kosmische Intelligenz, Schirner Verlag, 2009
- Der siebte Sinn der Tiere, Fischer TB Verlag 2011
- Der siebte Sinn des Menschen, Fischer TB Verlag, 2012

Burkhard Christian Ludwig Alexander Heim (* 9. Februar 1925 in Potsdam; † 14. Januar 2001 in Northeim) war ein deutscher Physiker.
- Einheitliche Beschreibung der materiellen Welt, Resch Verlag, 1998
- Postmortale Zustände, Resch Innsbruck Verlag, 2000

Illobrand von Ludwiger (* 20. Juli 1937 in Stettin) ist ein deutscher Astrophysiker.
- Das neue Weltbild des Physikers Burkhard Heim: Unsterblich in der 6-Dimensionalen Welt, Komplett-Media Verlag, 2012
- Das Leben eines vergessenen Genies, Scorpio Verlag, 2010

Bärbel Mohr (* 5. Juli 1964; † 29. Oktober 2010) war eine deutsche Autorin und Referentin.
- Bestellungen beim Universum, Omega Verlag, 2004

Jörg Starkmuth
- Die Entstehung der Realität: Wie das Bewusstsein die Welt erschafft, Goldmann Verlag, 2010

Adnan Sattar
- Was ist Bewusstsein? Die verborgene Sicht unserer Realität, Germania Com Verlag, 2011

Eckhart Tolle (* 16. Februar 1948 in Lünen als Ulrich Tolle) ist ein deutschstämmiger, in Vancouver lebender Bestsellerautor spiritueller Bücher.
- Eine neue Erde: Bewusstseinssprung anstelle von Selbstzerstörung, Arkana Verlag, 2005

Joachim Faulstich
- Das Innere Land: Bewusstseinsreisen zwischen Leben und Tod: Nahtoderfahrung und Bewusstseinsreisen, Knaur TB, 2006

Todd Burpo
- Den Himmel gibt's echt, Scm Hänssler Verlag, 2013

Volker J Becker
- Gottes geheime Gedanken, Heyne Verlag, 2011

Karl F Neu
- Leben im Jenseits, Kindle Amazon, 2011

K und B Brückner
- Bewusst Sein, Kindle Amazon, 2012

Helmut Günter Baumgarten
- Quantenspiritismus, Books on Demand, 2012

Rolf Froböse
- Der Lebenscode des Universums, Lotos Verlag, 2012

Klaus Dieter Sedlacek
- Unsterbliches Bewusstsein, Books on Demand, 2008

Donald N. Walsch
- Gespräche mit Gott, Arkana Verlag, 2009

Raymond A. Moody (* 30. Juni 1944 in Porterdale, Georgia) ist ein US-amerikanischer Psychiater und Philosoph, der sich eingehend mit Forschungen um den Grenzbereich zwischen Leben und Tod auseinandersetzt.
- Leben nach dem Tod, rororo Verlag, 2001
- Das Licht von drüben, rororo Verlag, 2004
- Blick hinter dem Spiegel, Goldmann Wilhelm Verlag, 1996
- Zusammen im Licht, Goldmann Verlag, 2011

Hoimar Gerhard Friedrich Ernst von Ditfurth (* 15. Oktober 1921 in Berlin-Charlottenburg; † 1. November 1989 in Freiburg im Breisgau) war ein habilitierter deutscher Arzt und Journalist. Bekannt wurde Hoimar von Ditfurth jedoch vor allem als Fernsehmoderator und populärwissenschaftlicher Schriftsteller.
- Kinder des Weltalls, Hoffman und Campe Verlag, 1976

Holger Kalweit, deutscher Ethnologe und Psychotherapeut, erforschte das Schamanentum und die Kosmologie von Naturvölkern (* 1947).
- Traumzeit und innerer Raum, Die Welt der Schamanen, Bern u. a.: Scherz, 2000

Eknath Easwaran (Aus dem Englischen von Peter Kobbe)
- Die Upanischaden, Goldmann Verlag, 2008

Jane Roberts (Übersetzt: Sabine Lucas)
- Gespräche mit Seth, Goldmann Verlag, 2001

Biggi Weber

- Damsarta: und sein Leben nach dem Tod, BoD, Auflage: 5 (13. Februar 2014)

Martin Heyden
- Auf der Suche nach der Ewigkeit: Die Entdeckung der jenseitigen Welten, Irene Heyden Verlag, 2014

FILME UND DOKUMENTATIONEN

- „Life of Pi" 2012
- „A Beautiful Mind" 2001
- „Cloud Atlas" 2012
- „Die Wand" 2012
- „Hinter dem Horizont" 1998
- „After Earth" 2013
- "Deep down the rabbit whole" 2007
- "What the bleep do we know" 2004
- „Geheimnisse des Universums", Stephen Hawking, 2010
- „Stephen Hawkings großer Entwurf", 2012
- "The Universe", History Channel, 7 Staffeln, 2007 - 2012
- "Through the Wormhole" (Mysterien des Weltalls), 4 Staffeln, 2010-2013, Discovery Channel, mit Morgan Freeman

DER AUTOR

Martin Heyden

Nach einer Nahtoderfahrung vor nunmehr fast acht Jahren begab sich der Autor auf die Suche nach dem Sinn unserer Existenz. Die daraus entstandenen Bücher sind die Zusammenfassung seiner Erkenntnisse und Einsichten und skizzieren ein in sich schlüssiges Weltbild, das die Natur-, Geistes- und Grenzwissenschaften, die alten und neuen Religionen sowie den Schamanismus und den Spiritismus zusammenführt.

Martin Heyden, geboren 1967, war als Datenbankprogrammierer und Systemtechniker tätig. Seit einigen Jahren geht er seiner Passion als Schriftsteller und Buchautor nach. Er lebt mit seiner Frau in der Nähe von Aachen, zusammen haben sie zwei erwachsene Söhne.

DIE AUTORIN

Biggi Weber

Biggi Weber wurde 1963 in Zweibrücken geboren und lebt seit 2007 zusammen mit ihrem zweiten Mann im Saarland. Sie hat 3 erwachsene Kinder. Als Kind hatte sie ein sogenanntes Nahtoderlebnis. Durch dieses Erlebnis beschäftigt sie sich seit über 30 Jahren mit dem Thema "Leben nach dem Tod".